U0945934

培养男孩的阳刚之气

有阳刚之气的男孩，才能成为顶天立地的男子汉

徐黎◎著

商务印书馆国际有限公司

图书在版编目（CIP）数据

培养男孩的阳刚之气 / 徐黎著 . — 北京 : 商务印书馆国际有限公司 , 2014.4
ISBN 978-7-5176-0075-6

Ⅰ.①培… Ⅱ.①徐… Ⅲ.①男性—家庭教育—通俗读物 Ⅳ.①G78-49

中国版本图书馆 CIP 数据核字 (2014) 第 044553 号

培养男孩的阳刚之气

著　　者　徐黎
出版发行　商务印书馆国际有限公司
（地址　北京市东城区史家胡同甲 24 号　邮编　100010）
（总编室电话　010－65592876　市场营销部电话　010－65598498）
经　　销　全国新华书店
印　　刷　北京通州鑫欣印刷厂
开　　本　880mm × 1230mm　1/32
印　　张　8
字　　数　170 千字
版　　次　2014 年 5 月第 1 版第 1 次印刷
书　　号　ISBN 978-7-5176-0075-6
定　　价　25.00 元

前言

男孩应该有阳刚之气

阳刚之气，是勇敢、独立、刚毅、豁达、有责任心，是男子汉气质中最重要的品质，是男孩走向成熟、获得生存、成家立业必不可少的动力和保障。

但是，敢于挑战、越挫越勇、渴望突破、张扬外显的男性特质，在越来越多的中国男孩身上萎缩。取而代之的，是阴柔内敛的气质，留长发，穿中性衣服，说话细声细气，动作扭扭捏捏，受点委屈就哭哭啼啼。胆小、退缩、依赖、推卸、狭隘、软弱、拘谨、保守等消极性格正在侵蚀男孩们的身心。

阳刚之气的缺乏，势必会影响男孩的积极发展。这一危机形成的原因又是多方面的。

首先是中国传统教育观念中的一些负面思想仍在延续，压抑了男孩的阳刚之气。温文尔雅、中庸、明哲保身、安分守己、枪打出头鸟等中国传统儒家文化仍被推崇。在学校里，得到普遍认可的是听老师话的、安静的、不提意见的学生，很大程度上扼杀了那些不听话的、好动的、提意见的学生（男孩居多）的挑战意识和潜能发挥。

男孩长期得不到正面评价，成就感缺失使中国男孩逐渐妥协、消沉，甚至沦为应试教育的牺牲品。与此同时，家庭教育又往往与学校教育形成默契，共同构筑起男孩的牢笼。

在家里，男孩往往得到父母过度的保护。父母实行包管驯化式教育，对孩子有求必应，替孩子包办一切，一味要求孩子听话服从，不敢让孩子承担任何的风险。这使得男孩大多成长为温室中的花朵，经不起风和雨。

男孩缺乏阳刚之气，还被认为缘于教育者多为女性——学校里，女教师的比例远远超过男教师；家庭中，父亲角色严重缺失，教育孩子的多为母亲。

在孩子的性格成长中，相比学校教育和社会教育，家庭教育更重要。所以，为了培养男孩的阳刚之气，父母应该及时正确地对男孩进行男子汉教育，让男孩在健康的家庭环境下成长。

父亲绝不可缺席

父亲和母亲在孩子人格形成的过程中的作用是不可替代的。缺少父爱，孩子就会变得胆小、懦弱、自卑、优柔寡断、抗压能力差等；缺少母爱，孩子会缺少安全感，变得孤僻、冷漠、缺乏爱心等。

我们现今的家庭教育，多是由妈妈照顾孩子。爸爸由于工作繁忙，或者认为教育孩子是妈妈的事情，和孩子在一起的时间比较少。父亲角色的缺失，对于孩子性格的成长有很大影响，尤其是男孩子。

男孩与父亲接触的机会越多，在一起的时间越长，他就越勇敢、坚强、豁达、乐观。因为父亲能更多地冷静地面对孩子的优缺点，教会孩子解决成长过程中遇到的问题。

父亲对孩子的影响，是潜移默化、润物细无声的。父亲带孩子玩游戏，是自发的、本能的，比如奔跑，“战斗”，走“勇敢者”道路……父亲喜欢什么，就会带孩子去做什么。如果妈妈带男孩出门，一般会说“系好鞋带，不要走丢”；而爸爸则会粗犷些：“走，出发！”

“父亲”不仅仅是一个人，也是一种象征，象征力量、规则、权威。父亲用自身行为作为男孩效仿的模板、超越的目标，激发男孩的阳刚之气，用无声的权威指引男孩走向未来。

母亲要懂得示弱

研究数据显示，父母教养态度最差等级中，严厉型父亲占 12%，而严厉型母亲则达 26%；较多干涉孩子个人事务的父亲占 22%，而这样的母亲则高达 50%。这表明，在教育态度、方式等方面，母亲比父亲更严厉。

越是严厉的教育，越容易使孩子丧失思考、判断和决策的能力，而失去了这些能力的孩子必然变得犹豫、依赖性强，这正是男孩缺乏阳刚之气的表现。幼儿园里也有充满阳刚之气的男孩，他们胆大、大方、比较独立。经调查，这些孩子的家庭教育都比较民主、宽松。所以，妈妈要懂得在儿子面前示弱，给儿子更多的机会，以激发他的潜能。

母亲要注意，孩子的事情尽量让孩子自己做主、独立处理，不要总是包办代替；不要对孩子过分溺爱，让孩子学会在挫折中成长；对孩子的冒险行为要给予适当鼓励，不要总怕孩子失败或受伤……

阳刚男孩家庭造

男孩的阳刚之气，主要不是与生俱来的，而是要依靠后天的培养。家庭是培养阳刚男孩的第一现场，也是最重要的阵地。父母要给男孩提供充分的空间和机会，为男孩蕴孕阳刚之气提供养分。

在传统的评价标准中，男孩的调皮、捣蛋带来的只是批评和打击，因为父母鼓励孩子要“听话”，对待男孩的冒险行为多持批判态度。父母如果抑制孩子的这些言行，会让男孩越来越文静、听话，个性越来越趋于女性化。父母要多带孩子进行一些富有刺激、冒险的活动，如爬山、攀岩、自行车越野等，促进孩子阳刚气质的养成。

不要排斥孩子的个性发挥。有些家长要求孩子完全按照自己的意愿去行事，而不考虑孩子自己的意愿和感受。结果，孩子的个性得不到张扬，棱角被磨平，成为一个没有特长、缺少主见的精神侏儒，一个唯命是从、如同模具里压出来的呆板者。这不是家庭和社会所希望看到的男孩。

就像雄鹰需要翱翔，男孩的天性决定了他需要更有力量、更张扬、更奔放、更勇往直前。培养男孩的阳刚之气，让男孩能够在长大后成为顶天立地的男子汉，成为展翅高飞的雄鹰，是每个男孩家庭的使命。

目录

第五章 阳刚男孩家庭造

第六章 阳刚男孩必备的那些品质

第一章

男孩危机
——阳刚之气哪去了

传统观念中，男性需表现出稳健、庄重、力量的阳刚之美；女性则应该带有贤淑、温柔、轻灵的阴柔之美，而这些特征是在孩子成长过程中慢慢形成的。

但现在的一个比较普遍的社会现象是：男孩说话细声细气，动作扭扭捏捏，一着急就脸红，一生气直跺脚；阳光、有主见、自信、勇敢、意志坚定的男孩少了，“乖巧”“听话”的男孩却多了，男孩“中性化”的情况越来越普遍；很多男孩在体质、学习、心理素质和对社会适应能力方面反倒显得比女孩薄弱了。

到底是哪些因素让男孩缺乏阳刚之气？这真是一个值得男孩父母关注的大问题。

泡在家里的“宅童”

宅男宅女是普遍存在的，这些人依赖电脑，讨厌到户外活动。事实上，很多中小学生也在过宅居生活，他们被称为“宅童”。宅童不喜欢和朋友一起玩，更愿意一个人待在家里玩游戏、看电视或者做作业。更多的宅童希望家里提供能满足他们宅居生活的设施。

作为宅童，除了上学，几乎都在电脑旁。除了电脑游戏，他们没有其他更多的爱好。他们不愿意完成作业，不愿意参加任何社交活动，拒绝和家人亲戚进行感情交流，有的会因为被打断玩游戏而大发脾气。

在很多家庭，尤其男孩家庭，都有这样的现象：父母早出晚归地工作，把孩子交给学校去教育，孩子在不知道怎样充实业余生活的情况下，就会选择玩手机或电脑。

对于孩子的“宅居生活”，新华网专门做了调查。部分调查结果如下：

- 您的孩子每天参与户外运动的时间有多少？

  3 小时以上：8.25%

  半小时到 1 小时：32.96%

  半小时以下：27.91%

- 您的孩子每天花费在电子产品上的时间有多少？

  1 小时到 3 小时：32.48%

  超过 3 小时：16.95%

- 您的孩子有多少好友 / 小伙伴？

  1 到 3 个好朋友：41.41%

  没有好朋友：6.67%

- 您会把孩子托付在朋友家或让他单独去朋友家做客吗？

  偶尔：49.67%

  在不得已情况下允许：12.13%

  从来不许：19.78%

随着人们生活水平的提高，大部分家庭都有条件配备电脑等高科技电子产品，教育子女也不仅仅限于书本知识。但是“宅”也的确让男孩从小就失去了接触外界、亲临大自然的机会，室内游戏使很多男孩的人生观、价值观和现实社会生活严重脱节。

父母们会发现，男孩因为宅居产生了很多对成长不利的负面影响。

宅居使男孩逐步丧失基本的社交能力，因为没有太多机会和人接触，他们会逐步变得自闭、恐惧、羞涩、自卑。

宅居会让男孩迷恋网络世界，无法分辨现实生活和虚拟世界，并可能引发悲剧。

2004 年，一名 13 岁的男孩从 24 层高楼纵身跃下，是为了寻找游戏中的英雄朋友；2006 年，两名高中生为了出校玩游戏，在翻越学校围墙时不幸坠落而亡；2010 年，一个 16 岁的少年想让母亲给他输入电脑密码，失手打死了母亲……

专家分析，迷恋网络游戏会诱发青少年犯罪。青少年在成长过程中，好奇心强、对社会认知能力差、自控能力差，很难分辨现实社会和虚拟世界。沉迷网络游戏的男孩也会因为亲情淡漠、人格异化产生悲剧。

宅居会让很多男孩缺少生存技能，不能顺利走向社会。作为需要在社会上大展拳脚的男孩子们，长时间的宅居生活还会让他们缺乏阳刚之气，使他们变得孤僻、不愿意和人交流。

这些隐患，家长们应当注意。

但是，为什么男孩会放弃室外活动，选择宅在家？父母们是否可以防止男孩变成宅童呢？

第一，父母的影响不可忽视。有的父母平日工作忙，既没有多余时间来陪孩子，又担心孩子独自走出家门有危险，于是觉得把孩子放在家里“圈养”才安心。有的父母认为孩子太小，不懂得欣赏外面的世界，就不常带孩子走出家门。有的父母自己平时和周末的休息时间选择的就是宅居，这样的“榜样”自然容易让孩子习惯于宅居生活。

第二，家庭以室内游戏吸引孩子。在很多家庭中，为了让精力充沛、活泼闹腾的男孩安静下来，不“四处捣乱”，会给他提供很多室内游戏，如电脑、手机、电视，让孩子足不出户就玩得开心，逐渐地，孩子对室外活动就不感兴趣了。

第三，孩子功课多，可支配业余时间短。很多家长为了让孩子不输在起跑线上，学校作业、家庭作业、课外补习班、兴趣班，一个都不能落下，都盯得紧。这样一来，属于孩子的空闲时间就相当少，很多孩子根本没有时间参与户外活动。

第四，邻里之间缺乏互动，孩子很难交到朋友。城市里许多父母和亲人、朋友离得比较远，而邻里关系也比较淡，使得孩子很难在家的附近找到玩伴、朋友，他们也就只好窝在家中，自娱自乐。

宅童越来越成为一种社会现象，但是作为家长一定不能任由孩子变成宅童，再从宅童变成宅男。父母需要让孩子从宅居生活中走出来，走向社会，在家庭之外找到乐趣，成为在天地间自由奔跑的精灵，而不是窝在室内的枯萎花叶。

害羞内向，不敢表达自己

丁丁是一个男孩子，他的自尊心特别强，当受到别人的批评时就喜欢摔东西、耍脾气；他害怕失败，失败后就会生气、哭、打人；他害怕被人取笑，不敢表达自己的想法，非常敏感。

丁丁不善于表达自己的感情并非个例，实际上，男孩相比于女孩来说，更不擅长表达自己的情感。研究表明，当男孩长到五六岁的时候，更不会向大人们表达什么是失败，什么是郁闷。那是什么让男孩不愿意表达自己的情感呢?

怕错。很多家长在孩子犯错的时候，总是会对他们进行严厉的处罚。他们为了避免犯错，避免被别人批评教育，宁愿缄默不语。

怕被惩罚。有些家长不允许孩子犯错，这就让孩子认为“错从口出”，只要不说话，就不会被惩罚。

怕被人羞辱。孩子也有自己的自尊心，他们也不希望当众受人嘲笑，所以为了避免出丑，他们宁愿隐藏自己真实的感情。

父母并不鼓励他们表达自己的感受。很多男孩被父母过早地灌输了“男孩要坚强”的理念，他们的父母不愿意看到自己的男孩悲伤或者诉苦，更不会在孩子表达自己情感之后对孩子进行安慰、教导，这就让男孩越来越不敢表达自己。

实际上，即便是男孩，内向也不足为过。每个人都可以拥有自己的性格，父母没有必要为孩子内向而担心。但学会表达自己对于男孩来说非常重要，这也是孩子心理健康的保障。父母一定要能够了解孩子，并鼓励他表达自己。那么怎样的家庭容易产生性格孤僻的男孩？

- 家中人员少，家长对孩子圈养，使孩子缺少玩伴。邻里间缺乏互动，使孩子喜欢上宅居生活，使他的小朋友变少，他的性格就容易变得孤僻。

- 家长害怕小孩弄脏屋子，害怕孩子间互动会让自己孩子被带坏，使孩子缺少朋友，性格变得内向，不敢和人交流。

- 家长为孩子提供各种可以单人玩的游戏，提供电脑或其他电子设备，为孩子报各种课外业余班，导致孩子很少有时间接触大自然。

- 家长在教育孩子的时候“锱铢必较”，不允许孩子犯错，不允许孩子表达自己真实的想法。

然而，性格内向的男孩如果得不到引导，很容易引发心理疾病，如：

自闭症：又称孤独症。这种病症是一种较为严重的发育障碍疾病，它的主要症状是儿童不愿意和他人交往。患者在社会交往、交流上存在障碍，他们兴趣范围窄，喜欢重复动作，有的还存在精神发育迟滞，甚至引发癫痫。

儿童抽动症：这种病症多发于儿童期，主要表现为孩子不自主、刻板动作。儿童患有这种疾病的原因可能是家长要求孩子过度、家长之间感情不和谐，忽视与孩子交流沟通。

抑郁症：患有这种疾病的孩子长期心情低落，情绪消极，悲痛欲绝，自卑、厌世，严重者还会出现幻觉、妄想等精神疾病。

……

英国的精神病学家指出社会对男人有更大的压力，人们不允许男人软弱。但是当男人还是小孩子的时候，他们有权利表达出自己的情感。不要让男孩因为害羞不敢表达自己。

学校里阴盛阳衰

在学校里，阴盛阳衰的现象已经不是新鲜事情：男生不如女生成绩优秀，班干部中男生少于女生，男生的身体、心理、社会交往等方面的素质整体弱于女生……

下面的例子很有代表性：

9月1日，学校开学，壮壮也开始了他的新学年学习。但他写作业的时候注意力不集中，很容易分心，不是发呆就是玩铅笔，老师留的作业，得写到晚上9点、10点才完成。而他们班的婷婷在学校里就表现得很好，从不用父母操心。老师说，在班里，女生比男生优秀。

中考期间，高峰在参加他的弱项——数学科目考试时，觉得题目很难，就索性把本来能做出来的题目也划掉，交了白卷，因为他对自己没有信心。

我国在1977年到1998年间，各地高考状元中男生占了64%，女生占了 36%；而在 1999 年到 2008 年期间，高考状元中男生比例下降到 39%，女生比例上升到 61%。

再例如，据杭州妇联统计公布：2011 年杭州全日制在校女生占在校生的 50.3%，人数首次超过了男生；2011 年获得浙江大学竺可桢奖学金的本科学生共 12 名，其中女生 9 名，男生 3 名。

男生在学校里表现常常不如女生，这直接影响到了男生的发展。男生从学校里找不到自信，家长也对他们的前程充满担忧。男孩变得不是更阳刚，而是更柔弱。

学校里为什么会出现“阴盛阳衰”这种现象呢？

与家庭教育有关。家长对男孩期望过高，他们宁愿放弃自己的事业，做全职妈妈、全职爸爸，也要对男孩进行全方位的教育——他们为孩子报各种补习班，要孩子练琴、学画，却适得其反，高强度的学习压力让孩子逐渐对学习失去兴趣。家长对孩子学习过分监督，过分陪读，让孩子的学习没有自觉性，不能独立解决问题。家长工作繁忙，将教育孩子的任务交给自己的父母，多数祖辈对孩子十分溺爱，重物质提供，轻学习引导，重身体呵护，轻品质培养，让孩子在身体上是大个子，在精神上是小矮子，遇到挫折得不到帮助，进而自卑自弃，抵触学习，望而生畏。

与学校教育有关。从教师的性别比例来看，幼儿园、小学的女老师比男老师多，城市尤其如此。据调查统计，城、镇、乡的小学女老师比例，分别为 79%、68%、46%。女老师喜欢听话的学生，她们对女生比较偏爱，无意中磨灭了男生爱动、爱冒险的天性。从教学功能来看，学校过于关注升学率，忽视对学生进行体能培训，让本性好动、好玩、渴望冒险的男生在学校感到压抑，厌烦学习。

与男孩本身的成长特点有关。女孩在触觉、痛觉、听觉方面敏锐，能够在很小的时候就做比较精细的动作，男孩则在视觉分辨和视觉空间能力上敏锐；女孩语言表达能力比男孩强，男孩喜欢推理判断和摆弄物体。这就让男生在学习的时候，不如女生安静听话，不如女生细心。

我国学校教育的现状，在一定程度上不利于男孩全面发展，也难以承担更多塑造男孩阳刚之气的教育责任。

身体羸弱，不喜欢锻炼

中国有一个传统，都把男孩作为家庭未来的顶梁柱。但如今，很多男孩被父母、家人过度溺爱，不让碰着、伤着、累着，不用说做些体力活，连强度大一些的体育运动都避之不及，被保护着的男孩就变得身体羸弱，软弱不堪。近些年，中小学生的身体素质正在呈下降趋势，学生们体重增加、近视、缺乏柔韧性……以男生更为严重。

2012年的11月27日，上海东华大学一名大三男生在1000米长跑后猝死，这一消息震惊了全国，很多学校在运动会上取消了3000米和5000米的长跑运动。

2013年9月，宁波一名16岁的男生在参加了三天军训后得了横纹肌溶解症（这种病症是人在大量运动后出现乳酸堆积、疲劳引起的），不得不住院治疗，这主要归咎于这名男生平时很少运动。

体育锻炼的氛围减弱了。越来越多的男孩不喜欢锻炼，不喜欢运动，和社会、经济、科技发展导致家庭、学校里体育锻炼的氛围减弱了有关。很多家庭没有从小培养孩子锻炼身体的意识，只是一味地让孩子学习、听从命令，这让孩子逐步懒于锻炼身体。

在对大学生进行“你会选择怎样的休闲方式”的测试中，吃饭、逛街、K歌成为大部分人的首选，选择体育锻炼的男生非常少。有的男生说没有耐心坚持体育运动，有的男生说喜欢的运动就是在宿舍里打电子游戏。

学校的体育课形同虚设，学生体能训练被应试教育排挤。虽然《侵权责任法》《学生伤害事故处理办法》《中小学幼儿园安全管理办法》明确规定了学生在体育课上出现事故谁来负责，但很多情况下，这些条款并无用武之地。很多中小学受应试教育影响，并不重视体育课，体育课被一些必考科目占据，或被改为学生自习，很多学生根本没有机会在学校里锻炼身体。在大学里，体育课内容单调，不能引起学生们的注意，除了一些从小就喜欢运动的男孩之外，更多的男孩上体育课只是为了“修学分”。

锻炼场地和时间受到限制。在中小学，因为课业繁重，家长安排各种业余班、补习班、兴趣班，学生们“没时间运动”。学校为了不在体育课上让孩子身体受到伤害、提高学校的升学率，取消了体育课，撤销了各种体育锻炼的公共设施。

有青少年体质研究专家表示，男孩在身体成长上比女孩晚，但是他们的性成熟和身高体重发展要比女生早。男生在12岁到18岁是培育协调性的最佳时间，在14岁到18岁是培养速度的最佳时间，在16岁到18岁之间是培养力量的最佳时间，在18岁到20岁是培养力量耐性的最佳时间。男孩如果在这些时间没有将自己的体能训练好，就很难在其他时间来训练。作为家长，又怎么能够放心让他们独自闯荡社会？

你的孩子热爱身体锻炼，体质过关吗？不妨给孩子做做体能测试，如短跑、跳高、引体向上、仰卧起坐、视力、肺活量等。

男孩坚持锻炼，不仅能够拥有强健的身体，还能培养他们勇敢、坚强、敢冒险、突破自我等阳刚之气。阳刚的男孩长大之后，不害怕和人交往，更容易找到理想伴侣，敢于承担家庭责任，乃至能够为国效力——2006 年北京市征兵体检合格率仅仅达到 37.9%！

男孩不敢承担责任

“父母之爱子，则为之计深远。”在中国，很多家长愿意为孩子做任何事情，这样反倒忽视了培养孩子的责任心。

家长只为孩子提供眼前的温饱享受，不为增强孩子责任心提供土壤，当孩子闯出祸来的时候，才会觉得需要严加管教孩子。我们常常会看到这种现象：

有些男孩认为父母提供他们上学的机会是天经地义的，并不需要为上学这件事负责，他们并不注意听讲、逃课、作弊、辍学……没有为家人和自己负责的概念。

有些男孩很早就开始恋爱，儿戏感情，不懂爱更不懂负责。

有的男生敢做不敢当，会闯祸不会承当错误，自私自利、胆小怕事。

有些男孩长大、离开父母、成立家庭之后，却没有把照看年老的父母视为自己的责任。

……

作为孩子，他们往往不会意识到自己的行为是否已经失责，他们没有太明确的价值观，他们需要家长来培养他们、指导他们，他们通过模仿家长和大人们的行为去做他们认为对的事情。男孩缺乏责任心，是因为他们不知道什么是责任，怎样承担责任。这很多时候是由于父母溺爱包办，让孩子没有机会独自办事；父母的不良行为也会让男孩失去判断能力。

对于男孩，缺乏责任心表现在哪些方面呢？

男孩缺乏对自己负责的意识

我国某城市学生问卷调查显示，中学生喝酒的比例达到了 28%，节假日喝酒的占 60%。据世界卫生组织统计，9 — 12 岁的男孩有 10% — 15% 吸烟；12 — 15 岁的男孩有 35% 吸烟；16 岁以上的男孩有 75% 吸烟；很少有男孩在 25 岁以后才开始吸烟。

教育孩子对他自己负责，并不代表教育他们自私自利，而是要求他们认识到“身体发肤受之父母”，不要让自己轻易受到伤害，不要处处依赖父母照顾，要学会自我保护。

男孩不能生活自理、不能独自担当、敢作不敢当

在英国，18 岁的威廉王子像清洁工人一样打扫厕所，作为一名普通的学员参加劳动。在中国，一个刚入学的大学生不知道吃鸡蛋

要剥皮。在一次中日夏令营中，日本的孩子自己攀爬崎岖的山路，而中国家长却因为担心孩子总是搀扶着孩子爬山。在美国，《纽约时报》的记者在提到李娜的时候翻译失误，事后主动承认错误；在中国，2013 年 7 月“大兴摔童案”的主犯韩某却不敢承认自己的错误……

男孩不能对他人负责

14 岁的男孩小云溺水身亡，他被打捞起来的时候，手上戴着手表，衣服却被藏了起来。经过警察的调查发现，和他一起游泳的两个男孩目睹了小云在水中挣扎的过程，但是他们因为害怕父母发现他们私自游泳，便没有呼救，还将小云的衣服藏在井中。

小云的死亡，与两个小孩失责有关。从法律上来看，两个小孩并不构成犯罪；他们没有向大人呼救，除了害怕父母责怪外，还因为他们没有对他人负责的意识。

责任心，是一个人立足社会，获得事业成功、家庭幸福的保障，是一个人做人的态度和准则。如果家长任由孩子自然发展，会给孩子自己和他人带来伤害，他也很难真正做到长大成人。

没有责任心的男孩很难在社会上立足，因为他们不能给别人带来安全感，不能得到他人的信任。男孩在长大成人之后，需要承担起自己的责任，才能成为家庭的顶梁柱、国家的栋梁，才不会走上违法犯罪的道路。

有暴力倾向的男孩

乐乐三岁的时候，有一天想喝可乐，爸爸觉得可乐对孩子身体不好就拒绝了，乐乐大哭起来，还向爸爸扑过去，要打爸爸。爸爸这时候恍然大悟，是他平时对孩子经常恐吓，让孩子意识到暴力是解决问题的最简单办法。

俊俊七岁，在学校因为一点小事和高年级的值日生发生冲突，值日生扣了他 2 分。上语文课的时候，老师让他用“我……要……”造句，俊俊说：“我讨厌值日生，我要打死他。”老师觉得他的思想有暴力倾向，于是联系家长一起教育他。

男孩是否有暴力倾向，从小时候就能够看出来。男孩喜欢捣乱、打小朋友、抓妈妈头发、对爸爸出拳头、欺负小动物、进行语言攻击，等等。家长不要忽视男孩的这些举动，要适时对他们进行教育。因为小孩思维意识并不成熟，他们不能反省自己的做法是否正确。家长要适时制止他们的行为，但不要以暴制暴。

男孩的暴力倾向一定是有原因的，让我们大致来分析下：

- 孩子的要求得不到满足。现在的家长对孩子过于宠爱，有求必应，让孩子觉得父母对自己做什么都是“应当”的，如果父母有一次不能满足他们，他们就会哭闹，甚至打骂父母，比如乐乐很小就想要打爸爸就属于这种情况。

- 模仿暴力行为。孩子最早的学习方式就是模仿。如果家长经常让孩子接触暴力电视、游戏，或者对孩子实施暴力，也会让孩子有暴力倾向。希特勒在小的时候，他的父亲经常打骂他，给他留下了很深的心理阴影。在他 15 岁的时候，他成为了父亲的翻版，经常打骂同父异母的妹妹葆拉，并干涉妹妹的婚姻。

- 家庭冷暴力。在家庭中有一种暴力叫作“冷暴力”，即对家庭成员冷漠、轻视、漠不关心，让家庭成员在精神上感到被忽视。对于孩子来说，家庭和谐是他们心智健全的保障。但研究表明，70% 的家庭存在不同程度的冷暴力。很多男孩常常需要通过“闹事”引起家长的注意。

- 男孩的英雄情结。男孩崇拜英雄，希望做大事；他们伸张正义，鄙视邪恶。但他们的这些想法往往很单纯，他们很难分清什么是暴力，什么是正义，什么是邪恶，什么是英雄。

男孩有了暴力倾向，对男孩的自身成长、家庭乃至社会都是不利的。心理学家表明，男孩更具攻击性，男性因为暴力犯罪被捕的人数远远高于女性。家长需要做的，是教会男孩判断是非，用理性、善良、智慧面对外界，消除自己的暴力倾向。

第二章

阳刚男孩的成长密码

你了解自己的儿子吗？为什么要分男孩教育和女孩教育？男孩在成长的每个阶段会遇到哪些问题，怎样才能解决？这一章，我们将探索阳刚男孩成长的那些秘密——尊重男孩的本性；按照男孩各个年龄段的特点来培养他；为男孩创造一个温馨的成长环境……

男孩喜欢搞破坏

男孩和女孩的区别在 0 — 3 岁就会体现出来。在这一时期，男孩的脑发育比女孩慢，视觉、听觉的接受能力也和女孩不同。科学家们认为，男孩与女孩从本质和先天来说都是不同的，作为男孩的父母，需要把他看作一个独立而完整的个体，顺应他们的天性，才能让他们健康成长。

在这阶段的男孩，要求保证正常有序的作息习惯，还需要父母的耐心陪伴。尽管男孩生性淘气，但是如果家长愿意对他们耐心管教，他们也很愿意接受，因为他们此时的世界就只有父母，他们敢于捣乱、敢于“闯祸”，因为他们相信父母能够容忍他们。

很多家长不擅长和孩子相处，是因为他们无法做到设身处地为孩子着想，他们只能看到男孩淘气、脾气暴躁，却从来没有走入孩子的内心，了解他们在想什么、想要做什么。有的家长总是以要求大人的规则来要求男孩，这也给了男孩无形的压力。

男孩淘气，简而言之可以分为以下几种，家长可以来判断自己的男孩属于哪一种。

出于好奇的淘气

石石是一个淘气的男孩。在他不睡觉的时候，他从来不会像女孩一样安静地待着。他一会儿拿起棍子在客厅打天花板上垂下来的吊灯，一会儿到垃圾桶翻垃圾，一会儿用水彩笔在自己脸上乱画装"特种兵"，一会又霸占父母亲朋送给他的零花钱……简直淘气透顶了！后来，妈妈了解到，石石想要打吊灯因为他想知道吊灯砸下来的时候会不会把地面弄出坑，翻垃圾桶是因为他想在垃圾里找到他可以玩的玩具……

这就是因为好奇心而淘气。

男孩在调皮捣蛋的时候总有他自己的想法，这些小想法归纳起来就是他们想要探索他所能接触的世界里的"奥秘"。这时候，家长越是阻止他们，他们越是想要一探究竟。如果家长阻止成功，反倒会磨灭男孩的求知欲和自信心。

当家长了解到男孩是因为好奇才捣乱的时候，就要抓住时机，进行引导，既满足男孩的好奇心，又能让男孩不那么淘气。比如，男孩想用手拿热水壶、碰插座板，家长可以让他感受下热水的温度，告诉他电的危险性，让他体会为什么不能用手接触这些东西。

宾宾小时候总是把自己的玩具弄得乱七八糟，妈妈没少批评他。

妈妈在意的是儿子的房间总是很乱，却没有意识到男孩需要自由自在地玩。后来，妈妈想到一个办法，让儿子既能随心所欲地玩，又可以保持房间的整洁，那就是——在家里放一个双层床，床的上层让男孩尽情去玩且不用收拾，下层玩后由儿子自己收拾干净（只是要求把玩具全部放进一个大纸箱子里）。在这种开明的政策下，宾宾在玩中找到了乐趣，并且他喜欢上了做“手工玩具”——把各种零件组装成一个新的玩具。

希望引起家长关注的淘气

宁宁的爸爸妈妈都是上班族，为了生活得好一些，他们工作很忙。每天早上，他们为了准时上班，总是催促宁宁快点起床、吃饭、上幼儿园，总是责怪宁宁拖拖拉拉。平时，当宁宁在他们面前闯祸的时候，他们才能放下手头的事情，注意到他的存在，但是每次他们也只是把宁宁教育一番之后，又转身忙工作上的一些事情。宁宁被他们认为是不懂事的坏孩子，但是宁宁在父母刚回到家的时候感到特别高兴、快乐。

想要引起家长注意的男孩一般不会惹事，他们会选择在父母忙于工作或其他事情而不照顾、不陪伴自己的时候弄出声响、出点状况。当父母意识到男孩想要引起注意的时候，需要根据当时的情况作出判断：是先满足男孩的需求，还是先处理手头的工作？但是一定要让男孩了解到父母不会撇下他不管，他不需要担心父母会离开他。如果男孩经常用惹事来引起家长的注意，家长则需要更加有耐心地告诉男孩如何自己玩，怎样做父母才会陪伴他，并把关注男孩也当作一件重要的事情。这样做，男孩才能真正理解父母，不会再用这种小伎俩引起父母的注意。

精力过剩引起的淘气

皮皮由爷爷奶奶抚养，爸爸妈妈只是在工作之余才会去陪伴他。每到周末，爸爸妈妈都会带皮皮到各种适合小孩玩的地方玩，皮皮感到有父母陪伴的时间非常珍贵，所以每次一玩起来就不知疲倦，到晚上该睡觉的时间后，他仍折腾很晚，不肯休息。

对于这类男孩，家长应该用更多的时间和孩子在一起玩，提供更多的机会让男孩做一些动手动脑的游戏，让他能够把过剩的精力用于安静的游戏。当然，为了防止男孩搞破坏，家长最好经常陪伴他们一起玩，告诉他们怎样玩既能够消耗精力，又不至于带来麻烦。比如，男孩在玩积木的时候，可以教他怎么摆出不同形状，并经常提示他积木是用来搭建造型各异的建筑的，不应把积木当作武器丢来扔去。

有意识的淘气

很多男孩在愿望得不到满足的时候就会撒泼、摔玩具、上蹦下跳、打滚翻身，这时候家长需要对他们的行为进行“冷处理”，让他们意识到家长不会因为他捣乱就会满足他的要求。等到他们闹够的时候，再适时告诉他们这种有意识的淘气是错误的，并处罚他——没收他喜欢的玩具或者让他自己单独待在小屋子等，让他能够牢记错误，并愿意改正。这种淘气也很容易出现在 3 岁之后，家长要做好防范工作。

男孩无论怎样淘气，在 0 — 3 岁都不会惹出太大的麻烦，家长不要因为害怕他们闯祸而彻底禁止他们淘气，让男孩淘一淘，可以帮助他们培养阳刚之气。只是家长对淘孩子，需要注入更多的耐心和细心，这样才能帮助他们健康成长。

当然，男孩喜欢搞破坏也并非只存在于这一时期。他们在成长过程中时常存在这种攻击性行为，一个突出佐证是男孩对武力性质的玩具或游戏异常着迷，但是他们的这种玩耍在一般情况下，并不会伤及他人。

男孩有攻击性的原因很多，有时候他们只是一时冲动。对此，家长需要及时灌输他正确的道德观、价值观，还要保持耐心，用规范慢慢约束他们。当然，如果父母发现男孩有暴力倾向，则需要及时教导他们。以下是避免男孩使用暴力的教育方法：

方法一：避免男孩接触暴力场景

近几年来，十五六岁的青少年成为犯罪者的比例在提高。他们三五成群，形成暴力团伙，在作案前严密分工、策划，模仿电视上的作案手法实施犯罪……家长要杜绝男孩走上这条道路，就不要让男孩浏览网页上的暴力画面，不要让男孩看过于暴力的动作片、枪战片，不要在孩子面前吵闹打架。当和男孩在一起的时候，比如大街上，如果看到了暴力场景，要及时告诉男孩这样的行为是非常错误的。

方法二：及时纠正男孩的暴力行为

彬彬一岁多的时候有一次突然咬了妈妈一口。妈妈觉得孩子可能是无意识的，没有生气，但是她想借机教育一下他，于是狠下心来也咬了他一口。彬彬被妈妈咬哭了，妈妈没有安慰他。等到彬彬不哭的时候，妈妈告诉他："咬人是不对的，你咬了别人，别人也会疼。"从那以后，彬彬再也没有咬过人。

当发现男孩有暴力行为的时候，要及时惩戒他，让他意识到自己的错误。否则他会认为他做的是对的，不会自觉去改正，而且还会做同样的事情。

对男孩的教育，民主和放纵之间只是一步之遥。父母在管教男孩的时候，态度要温和，但是要有原则，不要表面批评、实际维护，更不要轻易纵容男孩。如果不能及时纠正男孩的暴力行为，很可能在男孩长大后让他养成打架斗殴等毛病。

当发现男孩的行为可能引发危险的时候，要及时制止他。对待男孩的坏行为一定不能纵容。例如，当男孩因烦躁想要攻击他人的时候，要引导他们缓解心情，排泄不满，或者让他们转移注意力到其他方面。男孩如同璞玉，想要让他们成长起来，父母一定要精心"雕刻"。

方法三：关注受伤害的一方

如果你的男孩打了其他的孩子，你要关注被打的孩子，然后用坚定的语气责怪自己的男孩，让男孩理解到“父母不喜欢他打人”。如果自己的男孩属于正当防卫，则不要责备男孩。你要和孩子朋友的父母做好沟通，共同教育孩子不要用暴力解决问题。

在挑战游戏中成长

孩子从生下来就对这个世界充满了好奇心，他们渴望学习、渴望探索，玩耍就是最好的学习和探索。但如今，很多男孩由于父母的阻止，无法在成长过程中挥洒他们玩的天性。

男孩在 0 — 6 个月期间，学会了看、听、摸、闻。他们有了自我意识，他们和父母建立了感情；在 6 — 12 个月里，他们学会了走路；在 12 — 18 个月里，他们通过游戏来解决问题；在 14 — 28 个月里，他们运用想象力玩各种假扮游戏，他们的想象力和创造力开始发展。

玩，就是他们掌握知识、了解世界的方法。他们在玩中学会了人际沟通、语言、文字，也学会和家长的沟通互动。

如何让孩子玩，父母可以注意这些方面：

玩具不一定要高档。很多父母不惜重价为男孩购买各种各样的玩具，但是这些高档的玩具并不能让男孩在玩中有所收获，因为过于智能化的玩具让男孩失去了创造力，也无法开发想象力。

游戏不会浪费时间。很多父母因为工作繁忙，不愿意和男孩玩，他们觉得自己在孩子身上投资的玩耍时间是没有意义的。实际上，男孩并不需要父母一直陪伴，但是父母不能形同虚设，需要作为孩子的玩伴出现。父母可以在给男孩喂食、洗澡的过程中和他们互动。例如，男孩早上起得早，妈妈就和他在床上玩了一会。妈妈发现他们被子上的图案很像汉语拼音 ɑ、o、e，于是就带着男孩在被子上找图案、学拼音，后来又在手上写拼音。

男孩的游戏需要受到限制。很多父母为男孩提供手机、电脑等电子产品，让男孩尝试各种游戏，但是没有考虑周全，比如：男孩能否接受，或者男孩一旦接受这些游戏，迷恋电子游戏怎么办。

父亲一定要和男孩玩游戏。对男孩来说，父亲更能够培养男孩的阳刚之气。父亲可以和男孩进行挑战性游戏，这对男孩独立性的培养很重要。母亲也要支持、鼓励男孩和父亲共同游戏。

游戏时不要灌输过多知识。诚然，现在很多亲子互动游戏都能开发男孩的智力、敏捷性、辨别色彩的能力等，但是不要附带太多知识，让男孩在玩中感受太大的压力。

适合 1~3 岁男孩玩的一些小游戏：

1~1.5 岁的游戏：

跟着音乐跳舞：培养男孩平衡能力、协调性。

溅水：让男孩在浴缸里玩耍，培养男孩创新能力。

敲击桌子、木勺等物品，模拟奏乐：培养男孩听觉。

让男孩编故事：培养男孩创造力。

1.5~2 岁的游戏：

吹泡泡：培养男孩做肢体动作。

玩沙子：培养男孩做精细动作。

涂鸦：培养男孩艺术创造能力。

2~2.5 岁的游戏：

玩具车：训练男孩肢体运动。

穿衣：培养男孩自立能力。

搭配相同颜色：培养男孩智力、逻辑能力。

2.5~3 岁的游戏：

模拟社交：教会男孩说“谢谢”、“请”等礼貌用语。

学用扫把、簸箕：让男孩学会劳动。

瞬间记忆：在男孩面前摆放某些东西，瞬间拿开，让男孩猜猜拿走了什么东西。

表演：让男孩表演故事中的角色，锻炼他创造能力。

父母在陪同男孩玩游戏的时候，每次只给他一两件玩具，养成他注意力集中的习惯。父母也可以和男孩一起制作一些手工游戏，用以开发男孩智力和动手能力。

游戏是培养男孩创造力的好方法，但不用男孩有问必答。很多小孩在这个阶段都喜欢问问题，父母不需要每次都告诉男孩答案，有些问题可以鼓励引导他们自己思考，寻求答案。要及时赞美他的创造力。让他给一个故事编结局。提供机会让他们自由创造，如让他们自由画画、搭建积木，等等，这些都可以培养男孩的创作力。

发育缓慢，不是男孩的错

父母对男孩的态度往往区别于女孩。比如：有的父母认为自己的孩子是男孩，所以希望他们能够坚强、少哭闹，有时甚至认为男孩的哭是在故意找他们的麻烦；父母拥抱女孩的次数要多于男生；父母很少耐心地和男孩说话；如果男孩犯了错误，父母通常会狠狠地惩罚他们。

其实这些观念和行为，往往是不了解男孩的成长规律造成的，尤其是男孩的成长比女孩慢这个规律。

婴儿期，男孩被触碰的感觉也没有女孩敏感。女孩对于熟悉人的触碰会报以微笑，对陌生人的触碰会哭闹反抗，而男孩一般则不会有太大的反应。

在蹒跚学步的时候，女孩会拉着父母小心迈步，男孩则喜欢自己走来走去；对待幼儿园的新朋友，女孩会友好地对待他们，男孩却可能忽视或欺负他们。

男生在初中的时候身高才会超过女生。他们在自控能力、阅读能力上也比女孩发育缓慢。

实际上，父母应当了解到，男孩相比女孩来说发育缓慢，他们需要更多的关注和耐心。

男孩的理解能力有限

3 岁男孩的爸爸妈妈需要上班，他们把他交给奶奶来照顾。爸爸妈妈告诉男孩，他们中午就能回家。但是，男孩哭闹起来，因为他无法理解中午是什么概念，他害怕父母会抛弃他。

这时，父母无法要求男孩做到理解大人说给他们的所有事情。当父母向他们解释为什么不可以爬到柜子上、为什么要向他人打招呼时，他们是无法理解的。这时候，父母需要给他们做示范，慢慢教会他们做什么。

男孩观察世界的方式不同于女孩

心理学家让一群婴儿观察两个面孔，一个是妇女的面孔，一个是机械的装置。通过实验分析，女婴儿花更多的时间观察真正的脸，而男婴儿则花更多的时间注视机械装备。这种差异来源于男孩和女孩视觉系统的不同组织方式。比如，1 岁大的女孩观察妈妈的时间要比男孩多，男孩更喜欢看有汽车的电影。同时，男孩也没有女孩对颜色敏感。

男孩和女孩在感知上存在差异

心理学家曾做过一个实验。他们让男婴和女婴分别在装有摄像头的实验室里自由玩耍。为了让试验顺利进行，他们安排母亲们在孩子们玩耍得正起劲的时候，突然让孩子们停止玩耍，然后假装生气，让孩子们产生烦躁情绪。这时候，男孩和女孩相比，表现得更加烦躁，他们想要让母亲把他们抱起来，安慰他们。当母亲想要他们保持平静的时候，男孩也需要比女孩更长的时间保持平静。

另外，男孩听力不如女生，不能快速掌握语言。因为女孩的听力要比男孩敏感，能够更准确地分辨人类的语言。

当父母了解到男孩比同时期的女孩发育缓慢后，不要担心，尊重他们的成长规律，让他们按照自然规律健康地成长起来。

“不听话”是男孩本色

男孩在成长的过程中会出现多个“叛逆期”，他们会不听父母的号令，喜欢和父母顶嘴。事实上，顶嘴是男孩成长必须经过的过程，这是他成长的一种表现。

男孩不听话有以下常见的表现：

说话不礼貌。如：父母的朋友带着男孩外出游玩，男孩会嫌父母的朋友管东管西。

挑衅地问“为什么”。如：父母让男孩做某件事，男孩会先问“为什么”再去做。

不屑地反驳。如：父母给男孩提出建议，男孩总觉得父母老土，不愿意听。

骂人。如：父母没有完成男孩的某个要求，男孩责备父母。

公众场合挑衅。如：父母想要让男孩不要吃糖，男孩说：“你不要管。”

从男孩的角度看，他们不听话、顶嘴有以下三种主要原因：

发展自我能力

1~3 岁的孩子心智在高速成长，他们希望自己能够做一些事情，如他们想自己决定穿什么衣服、吃什么饭。这时候父母不要过于强迫他们，应尊重他们的选择，逐渐让他们去接受他们所不喜欢的。

康康刚出生的时候不肯喝妈妈右乳房的奶，医生告诉妈妈，这时候康康对味觉很敏感，所以才会挑剔。那就让他只吃左边的，如果右边的奶涨了，就用吸奶器吸出来。当他不挑剔的时候，再让他喝右边的就可以了。果然，过了两个星期他就不挑了。

康康能吃饭后，不爱吃胡萝卜，妈妈就不给他做胡萝卜。后来，妈妈偶然做了一次胡萝卜，他也没有排斥。

无法得到充分的表达

小孩在 1~3 岁之间就有了自我意识，他们希望能够表达自己的意见，但是还不能充分表达自己的想法。当大人用命令的手段让他听话、顺服的时候，他就要努力表达自己的意见，就会发生顶嘴状况。

不满大人的敷衍

孩子们的眼睛是雪亮的。大人们在经历了社会的磨炼后变得世故、老道，擅于应酬、喜欢敷衍。但是从孩子的角度来看，他们并不喜欢大人们的敷衍。在得不到大人重视的情况下，他们就会哭闹不停，他们不听话只是想要引起父母的注意。

从父母的角度来看，男孩不听话有以下几种原因：

不顾及孩子感受。比如，在男孩玩的时候让他睡觉或学习；男孩想吃零食时非要让他喝白开水，等等。

没有做好沟通。父母在命令男孩的时候，没有和男孩做好沟通，只是强硬地让男孩执行。这样会让男孩觉得父母喜欢干涉他。

过分放任。很多父母对男孩事事包容，容易让男孩对长辈顶嘴。

上行下效。父母当着男孩的面彼此之间吵架或和老人吵架，会让男孩觉得顶嘴、不听话并不是错误的表现。

事实上，男孩顶嘴并不是多坏的事，因为他们在成长，在试图表达自己的感受，如果父母在这时候总想着对他们进行“专制统治”，对他们成长也是不利的。如：

容易让男孩产生逆反心理。男孩犯错在所难免，尤其是0~3岁的男孩不听话父母更没有必要较真。男孩在这段时间在逐渐形成意识，如果父母不能对男孩进行有效地疏导，只是一味地想要用大人的经验来制止他，会让男孩产生叛逆心理，让他觉得“只要是父母提出来的，都需要反对”。

容易让男孩失去判断是非的能力。为什么和小朋友玩的时候不能弄脏衣服？为什么自己心爱的玩具要分给别的小朋友玩？为什么不能弄乱玩具？男孩在成长的过程中需要逐渐培养是非对错的思维意识，如果父母只是希望男孩能够听话，他就很难做到自己去分辨是非。

扼杀男孩的思想。两三岁的男孩如果能够自己找到理由来和父母辩护，这是非常可喜的，说明他们已经有了自己的观点和思想，他们需要把自己的想法表达出来，父母也需要根据他们的表达给出适当的引导。如果父母一再反对他们拥有思想，他们只能唯命是从，思维只能越来越僵化。

男孩在很多情况下，不听话只是想要引起大人的注意，他们希望大人能够关注他们，了解他们，从他们的想法出发，给他们提供建议和帮助。

那么，男孩不听话，父母怎么办呢？

宽容大量，鼓励男孩

作为男孩的父母，首先要做到宽宏大量，不小肚鸡肠，不和孩子记仇，也不要因为孩子的举动变得情绪化。当男孩没有听自己话的时候，自己要首先为男孩让一步，了解到他为什么不听话，他自己想要做什么。通过和男孩沟通，慢慢告诉男孩你为什么不喜欢他这么做，你们可以采用怎样的方法让彼此都能够满意。如果男孩表述的理由大人能够接受，就鼓励他去做，不要对男孩成长做出限制。

提高男孩的语言表达能力

3 岁前的男孩，没有健全的语言表达能力，他们喜欢在反抗的时候通过哭闹来表达自己的不满情绪。这时候，大人不要因此生气、发怒，要稳定男孩情绪，并在日常生活中让他学会用语言来表达他的不满。

提高自己应对男孩不听话的技巧

来一点小幽默。比如男孩不想洗澡，你对他说："看看谁的小腿跑得快？"

让他放松警惕。比如男孩不想剪指甲，让他转移注意力看窗外的风景，然后静静坐在他的身后，拿出他的小手。

把任务变成游戏。如男孩不想吃药，就给他出几个脑筋急转弯，孩子答不上来就喝上一口。

利用男孩逆反心理。如想要让男孩去做某件事，反着要求他做另一件事，由于逆反心理，他就会去做你本来要他完成的事情。

严肃态度。很多男孩反抗父母的时候根本不了解父母到底要他做什么，所以，在给他发配任务的时候，要看着他的眼睛，严肃地告诉他。

发动好奇心。比如想要让宝宝穿衣服，父母自己也做出动作，这样会让他觉得很有趣。

故意冷落男孩。如果男孩不听从某项建议，故意不理睬他，男孩觉得无趣，就会明白自己应该怎样做。

给男孩机会，让他自己来。男孩在 2 岁的时候就有了自立意识，这时候鼓励他们自己的事情自己做。

二选一。让他从两个选项中做选择，一个是他不想做的事情，一个是你要他做的事情。

给男孩适当放权

拿破仑说，不想当将军的士兵不是好士兵。作为男孩，他想要反抗、不想听话、有自己的主意，是因为他并不是“服从性员工”，他想要成为一个“小小领导者”。作为父母，要适当放权给他，告诉他可以做什么；如果他做不到或者捣乱，则让他去承担相应的责任。比如，孩子想要在墙上画画，就在家的一些墙壁上贴一些适合画画的墙纸，并告诉他这些地方可以由他创作，但是如果其他墙面弄脏了，他要用抹布或其他工具清理干净，而不要一味地阻止他去画画。

和男孩互动，给他引导和体贴

这时候的小孩喜欢自己去感知各种事物，他们喜欢乱扔东西，喜欢什么都要摸摸。父母不要总是限制他们，要及时告诉他们这些东西是什么材质的，什么东西是易碎的，什么东西是珍贵的，告诉他价值的时候可以给他做出精确的比喻，比如说：“这个东西如果弄坏了，就不能给你买 100 袋你最爱吃的饼干了。”

这时期的男孩特别需要父母的关注，一天陪男孩 100 分钟的父母和一星期都不陪男孩的父母相比，培养出的男孩是不同的。如果父母经常和男孩一起玩，和男孩一起解决生活上的问题，男孩会很容易理解父母的辛苦，也不会经常和父母吵架。父母要为男孩营造一个亲子互动的氛围，让男孩从小意识到父母的真诚和伟大。

“超人”渴望你的认同

泰泰非常淘气，妈妈每天都心力疲惫。妈妈为泰泰安排了单独的房间，泰泰每天都会在自己的房间折腾很久不肯睡觉。妈妈对他采取了各项措施哄他睡觉都不管用。最后，妈妈真累了，不经意地和他说了一句话：“圆桌骑士不再决斗，晚安了。”他儿子马上回了一句：“卡梅拉女士，帮我把灯关了，我会消灭怪兽，自己睡的。”然后泰泰真地就安静下来，乖乖睡觉了。

新新的爸爸陪他看一个超人电影。其间，爸爸对儿子说：“我小的时候也看超人，我希望能像超人一样飞，但是我不是超人，我不会飞。”新新听后，把爸爸搂在他的怀里，拍着爸爸的后背，很同情地说：“你很难过吧，我来安慰安慰你。”

在这个阶段的男孩，虽然逐渐拥有独立意识，但是他们还希望能够得到父母的认可。泰泰虽然淘气，但是他希望母亲把他当作一个英雄，希望母亲认可他“拯救世界”的愿望。这就是男孩所需要的认同感。新新的爸爸对看超人电影表达出自己的感想后，新新就做到了将心比心地体会爸爸失落的心情。这就是男孩认同感的体现：它能够让男孩体会到父母的关照，也能够让男孩去关照父母。

对男孩来说，认可是一种肯定，一种赞同，一种发自内心的支持和陪伴。对泰泰和新新来说，父母能够走入他们所喜爱的童话、动漫世界，就是认可。

实际上，认可包含很多方面，这些方面不仅来自于学习，还来自于生活。

哲哲从幼儿园回家后，妈妈给他讲《我爱我自己》的故事，讲完之后，让哲哲来找找自己身上的优点。哲哲想了想就哭了，他说他没有优点。因为，这一天的中午他没睡午觉，老师让他把前一天掏被子里棉花的事情讲清楚。他向老师道歉，老师说道歉没有用；他向老师保证他以后不会再掏被子的棉花，老师不信任他。妈妈告诉哲哲，他有很多优点，她会把哲哲的这些优点告诉老师，让老师认可他。

在这个教育案例中，哲哲的妈妈做得很对。

但在实际中，有的父母总是觉得男孩做不好、男孩不优秀，看不到男孩的优点；有的父母总是认为自己比其他父母差，把所有的希望寄托在男孩身上；还有的父母过于关注男孩的成绩，担心男孩是否能够在社会上立足，对男孩的要求太过严格，批评多，肯定少……这些做法对男孩的成长是不利的。

只要你愿意，就能发现男孩有很多方面值得肯定：

喜欢发号施令，是潜在的领导者

很多父母最看不惯的就是男孩对自己发号施令。父母觉得男孩很不听话，实际上，成大事者管理人，成小事者处理事，这些爱发号施令的小家伙日后极有可能成为领导性人物。父母要认可甚至配合他作为“领导者”的心理，并给他们相应的建议。比如，男孩总是命令父母为他做什么，给他提供怎样的服务，父母没有必要去反对他，告诉他孩子要服从父母，而应在认同他这个“领导者”的同时，提示他怎样做才能让父母能够服从他的命令，教育他怎么做一名合格的“领导者”。

爱画画、玩积木，创造能力强

这个类型的男孩很可能对创造、设计感兴趣，父母不要因为他们不按照大人的要求来玩就限制他们去创造。

类似的，有的男孩好奇心很重，总喜欢问问题，父母自己不知道答案，就搪塞男孩。这时候，父母给不出答案，但应该认同孩子，告诉孩子爱提问是优点，并启发男孩去思考他心中的疑问，让他去寻找问题的答案。

喜欢当众说话，表达能力强

宏宏表现欲极强，在小学的时候经常想要表现，但是没有老师支持他，受到压抑。于是，他常常在上课时交头接耳，老师当然要惩罚他。升入初中，他不再上课说话，因为他获得了表现机会：参加班级、学校的演讲、辩论比赛，在各种会议中展现自己。

很多男孩喜欢和人讲话，在上课的时候和同学窃窃私语。父母、老师往往认为这是在破坏规矩，实际上，他们有出色的演讲天赋，而这是成为律师、外交官、演说家的核心能力。父母要让他们学会遵守学校规矩，也需要鼓励他们多和人接触，经常参加学校的演讲，保护、激发他的演讲才能。

有的男孩想象力丰富，总喜欢给父母讲稀奇古怪的故事。这时候父母不要打击他们，限制他们讲故事，要乐意聆听，表扬他是一个出色的故事讲述者。

每个男孩都有他的闪光点，只是需要父母去发现、挖掘。当男孩急于表现自己的时候，父母要及时表扬他，让他发挥出来，不要打击他的积极性。比如，孩子很聪明，在他3岁的时候就可以读书。他高兴地向爸爸炫耀，爸爸不屑地对他说："这有什么了不起，你要学会谦虚。"孩子从此变得不自信。

当男孩没有做好的时候，父母要帮助男孩走出失意，充满自信地面对今后的事情。这也是在帮助男孩成长：

父母在很大程度上能够决定男孩成为一个什么样的人，不同的是，有的父母提供的是动力，有的父母提供的是阻力。父母应做的，是认同男孩的天赋和努力，让他们最大限度地发挥自己的长处。

从散漫笨男孩到专注棒小子

注意力不集中的男孩并不少见。他们聪明伶俐，就是不安分守己、不遵守纪律、喜欢搞小动作。这其实是男孩的天性。

科学研究表明，男孩的大脑、神经系统比女孩的发育慢；一个刚出生的女婴身体机制和一名出生 6 个月的男婴不相上下；5 岁男孩的大脑语言区发育水平只能达到 3 岁半女孩的发育水平……

爱因斯坦 3 岁还不会讲话，丘吉尔在上学的时候被老师认为是淘气、贪吃、不听话的孩子，但他们最终都有所成就，不要因为男孩的暂时落后而对他失去耐心。

一般来说，正常儿童也很难保证长时间的注意力集中。3 岁左右的孩子只能专注 10 — 12 分钟，5 — 6 岁的孩子专注时间为 12 — 15 分钟，7 — 10 岁的男孩注意力集中时间也只能在 20 分钟……男孩在幼年时期无法集中注意力是无意识的，随着他们的年龄增长，会逐步改善。这就需要父母和老师能够给他们这个时间让他们慢慢成长起来。

另外，男孩注意力不集中还有其他的原因：

外界的刺激干扰。孩子没有太强的自控能力，当外界环境刺激到他们的时候，他们就会转移注意力，如音响、电视、流动的车等。

疲劳。孩子神经系统耐疲劳性差，很难做到长期处于紧张状态。如果孩子前一天晚上长时间玩耍而睡眠不足，第二天注意力就无法集中。

无法对某些事情感兴趣。比如，上课的内容过于枯燥不能引起他们的兴趣，过于简单会让他们觉得没有意义。他们注意力无法集中，只是因为不感兴趣。

父母干涉太多，让男孩无法专注。例如，妈妈希望男孩的注意力能够专注一些，于是在看到男孩玩玩具的时候，总会在男孩面前告诉他这个玩具应该怎么玩。这样就打断了男孩玩的兴趣。其实，没有人规定玩具一定要怎样玩，父母对男孩干涉过多，就会影响男孩的专注力。在这时期，男孩太过专注玩一种游戏的时候很难听到外界声音，不要因为男孩没有及时回复自己而生气。

转移注意力的能力差。由于年龄、生理、心理等原因，男孩很难做到根据需要及时转移注意力。如果某件事让他们过于兴奋，他们很难把注意力转移到另一件事上去。

无论属于那种原因，男孩注意力无法集中都是情有可原的，但是，集中注意力是男孩成长过程中必须逐步提高的能力，父母可以通过有效的方式来培养男孩的注意力。

● 接受现状，找到问题的原因。

鸿哲刚上小学，不适应学校的规矩，上课的时候不看着老师，自己玩自己的。只有老师走到他身边的时候，他才意识到自己应该做什么。老师对他的父母说，他上课不听讲是有问题的，需要接受医生的检查。

鸿哲的母亲害怕孩子心理有问题，就带着孩子排队、挂号、去检查身体，但是又担心孩子因此留下心理阴影，就给他编了一个看其他病的理由。检查结果显示，鸿哲只是有点铅超标，并没有自闭症等心理疾病。

鸿哲的母亲和老师都担心他患有心理疾病，但是通过科学的检测发现孩子并没有问题。父母应该意识到，男孩并不是要存心捣乱，他们只是发育还未成熟，他们很难控制自己的行为。作为父母，要督促男孩集中注意力，但并不要把它认为是一种心理疾病。

排除干扰，以“少”聚焦

为男孩提供安静的环境。男孩很容易受到外界刺激的影响，父母就要为男孩提供适宜的环境，不要让男孩在做某一件事情的时候受到干扰。

提供的选择要少，比如每次给男孩提供的玩具不要超过 3 件。会玩的男孩才会学习，男孩能够通过玩来提高他们的感知能力。如果同时提供多种玩具，会让他们不断转移注意力，养成容易分心的习惯。

制定合理的规矩，让他学会自控。例如，让男孩得到充分的睡眠，保证精力充沛，控制他学习和玩的时间，并要求他来遵守，让他在规矩中学会专注于一件事。

关注男孩感兴趣的东西，适时进行引导

男孩在和父母相处的时候，父母要观察到他对哪些东西感兴趣，并通过和他沟通了解到他感兴趣的原因，并适时进行引导。比如男孩喜欢玩电子游戏，那就要了解到男孩为什么喜欢，是因为游戏场景刺激，游戏内容需要探索，还是纯粹为了打发时间。通过沟通，如果父母了解到男孩喜欢探索类游戏，那么在培养男孩学习能力的时候，就把学校的知识设置成需要探索才能“通关”的小游戏，每天在男孩上学前给他提出几个问题，让他在学校学习中找到答案，这样他就很自然地能够集中注意力，关注课堂学习。

设定“配额”，增加兴趣

一个男孩的父母想让男孩学习描红，考虑他注意力不集中，就告诉他描红是“配额”的，每天只能写半页，不能多写。他在开始描红的时候，很感兴趣，想要一下完成半本，但是“配额”有限，本子被收回了，只能明天再写。

给他设定配额，就是让他每天都在期待明天的到来，期待多完成一些任务。这样他就不觉得父母给他制定的任务是枯燥的，而是

他所期待的。他也会因此有了学习的兴趣，注意力自然集中了。

设定时限，不能完成就停止

奇奇在上一二年级的时候，做家庭作业时注意力不集中，东动动，西看看，其他同学在晚上6点前就能完成的作业，他要到9点、10点才能完成。妈妈为了让他能够专注做作业，就告诉他："你每天作业最晚做到晚上8点，如果8点之后不能完成，我就把本子扔掉。"奇奇说："我做不完作业，会被老师批评的。"妈妈说："那是你的事，反正交作业的不是我。"奇奇无奈，只好服从。在之后的一个月里，他每天都能在6点前完成作业，并养成了习惯。

当男孩在做作业时注意力不集中，边玩边学，可以给他规定一个时间，如果做不到，就不让再去做，让他承担完成不了作业的后果。

没有依恋，哪有独立

6 岁的弘博一直有懒起的习惯，现在，妈妈和爸爸决定不再叫他起床了。他们对弘博说："现在是 7:05，如果你不起床，我们都要去上班，我们不会送你去上学。"弘博听后立刻爬起来，穿上衣服，准备上学。

孩子赖床是对父母依赖的表现。男孩黏人不是坏习惯。心理学家表明，依恋如同睡觉、吃饭，是儿童生存的基本要求，有利于他未来成长的沟通和交流。

依赖感在孩子 0~1 岁就产生，这时候也是父母和男孩培养感情的最佳时间。在这段时间里，父母尽量多养育孩子，不应把大部分工作交给保姆或者自己的父母，否则宝宝在成长过程中很难和父母建立亲密感情。家庭是能够给孩子温暖和勇气的地方，男孩只有在家庭中找到温暖和安全感，才能更有力量。适度的依赖可以帮助男孩建立自信和信赖感，能够让他与人和睦相处。

对于男孩来说，依赖感突出表现在对母亲的特别感情上。在大部分家庭中，男孩主要是由母亲养育，在他们成长的过程中，会逐步意识到性别的差异，母亲对于他们来说是生命中接触的“第一位女性”。他们喜欢黏着母亲，因为他们想要完全占有妈妈，他们不希望和父亲分享母亲的爱。

有的男孩对父母过于依赖，是因为他们成长过程中有一些小的挫伤，让他们缺乏安全感。

对于男孩依恋父母这件事，父母须知：黏人是男孩走向独立的第一步。

城城的妈妈在5个月产假满后就上班了。后来，妈妈发现城城每天晚上要醒五六次，但是给他换尿不湿、让他喝喝奶就又睡了。妈妈这样照顾城城，体力开始不支。妈妈看了一些儿童心理学书籍后发觉，这是婴儿的焦虑，是城城对她有强烈的依赖感但得不到满足的表现。她为了照顾城城，选择了辞职回家，城城很快变得能安稳睡觉了。

泽泽只有4岁，他问妈妈“人为什么要工作”。妈妈告诉他：“每个人小时候要学好本领，长大后要养活自己，不然等爸爸妈妈都死了，你就会……”泽泽突然流出了眼泪，抱着妈妈说不让妈妈死……

男孩在成长中逐渐走向独立，但是他还是需要确定父母能够守候在他身边，伴随他成长。只有深深体会到父母的存在和爱，他才能有勇气探索和走进外面更为广阔的世界。

在男孩依恋时期，父母要花费大量的时间陪伴他，给予他安全感。每一个阳刚的男子汉，曾经都是一个依恋父母、得到安全感的小男孩。

让男孩从依赖父母走向自我独立，父母在满足孩子安全感需求的同时，要能够放手，去培养男孩独立的性格和能力。对此，父母可以采取以下办法：

离开前要让男孩有心理准备

宾宾 4 岁了，妈妈也需要重新上班，不能天天陪伴在他的身边。在最开始的时候，爸爸妈妈每次上班都会趁他不注意的时候偷偷走掉。没想到，这样做，他每天都会因为看不到爸爸妈妈而大哭一场。

后来，妈妈在上班前把宾宾叫到身边，告诉他："妈妈要去上班，很快就会下班。爸爸妈妈只是去上班，不会真正离开你。"这真管用，宾宾从此不再因为爸爸妈妈上班不在身边而哭了。

男孩依赖性强，有时仅仅是因为他不知道父母会离开他多久，心里没有安全感。不要以为男孩小，听不懂道理，不打招呼就偷偷离开他，会让他惊慌不安。要让他体会到父母永远陪伴在他身边。

为男孩提供更多的交往环境

男孩对父母依赖性太强，往往是因为他所接触的人太少。作为父母，想要让男孩学会独立，就要给他们提供机会接触更多的人。

对于年龄尚小的男孩来说，幼儿园、学校和社区是他们交朋友的最佳场所。这些地方和家庭的环境是不一样的，男孩在公众环境中能够体会到“不被重视”的感觉，促使他通过在这些场合里认识玩伴、结交朋友，去减少他对父母亲朋的依赖感。

父母还可以经常带着男孩到朋友家做客，带男孩出去旅游，等等，分散男孩对父母的依赖。

直接培养男孩独立的习惯

同样是赖床，小宇的妈妈是这样帮助小宇改正的：

在改正小宇赖床的第一天、第二天，妈妈告诉他，起床、穿衣服、上厕所、吃饭、出门、上学路上各需要多长时间，并让他学会节省时间。第三天，妈妈不再督促他起床，只负责叫醒他，并提示他从这天起，他要自己来掌控从起床到上学各个环节的时间。小宇做到不赖床后，妈妈就鼓励他。这样执行两周后，逐步形成了习惯。妈妈也不再负责叫他起床，如果他做不到，迟到是他自己的事情。

男孩在两三岁之后，就希望“自己的事情自己做”。在这之后，父母不要总替他做决定，也不要严厉批评他们犯下的一般错误，要让他们知道他们可以做什么，不可以做什么。

让男孩“独处”

父母给男孩提供一个独立的空间，如卧室；让他们管理自己的小金库；让他们可以拥有自己的隐私；让他们更多地去解决自己日常生活上所遇到的困难。总之，不要为男孩解决他自己可以解决的问题。

当男孩希望父母陪着他不能上班的时候，当男孩在没有父母陪伴就哭闹的时候……父母可以安排他们去做一些他们喜欢做的事情，可以找一些玩具让他自己玩，也可以让其他的朋友陪他一起玩。这就是，让他从他在意的事情上转移到父母希望他去做的事情，而不是一味地陪着他，满足他的要求。

让男孩做个冒险王吧

男孩 A 非常淘气，喜欢冒险，经常和伙伴们爬树，一次不小心摔得小腿骨折。

男孩 B 一次心情不好，正值考试，就交了白卷，想试探老师的反应。

男孩 C 看到一把小刀在写字台上，想起了动画片里“一道抽出，光影逼人”的场景，于是就往自己的手上划了一道。

……

这些都是男孩们的冒险行为。冒险，对男孩来说，是用他们自己的方式体验所不了解的世界，做他们想做但不被允许的事情，挑战从未体验过的生活。

在父母看来，乖就是好孩子，就是值得表扬的。但是对男孩来说，去做不被允许的事情不都是坏事，冒险是一种自我突破，是男孩成长的必经阶段。

但喜欢冒险，一定是阳刚男孩的表现吗？就像男孩 A 一样，他喜欢冒险，但是不知道怎样保护自己；像男孩 B 一样，他交了白卷，戏弄了老师，但是也伤害了自己，不知道这一门功课这么长时间的真实学习水平。像男孩 C 一样，为了试试小刀有多么锋利，竟然拿自己的身体做实验。在男孩看来可能是冒险，但在父母看来，就是莽撞甚至是自残、无知了。

那么，对待男孩的冒险行为，父母应当怎么办？

首先，要理解、认可男孩的冒险意识。

5 岁的俊俊看到风扇在不停地转动，很想伸手去碰。这时候妈妈发现了，妈妈没有立即大声制止他，而是快速走到他的身边，问他在玩什么呢，并把男孩的手拉了回来。

俊俊好奇地问妈妈风扇为什么会动。妈妈于是关掉了正在旋转的风扇，简单地告诉了俊俊风扇转动的原理，并给他演示风扇转动起来的威力有多大，最后告诉他不能碰这个风扇叶。

男孩喜欢冒险并不是坏事，他们需要了解他们所不了解的世界。父母首先要认可他们冒险的意识，不能全面否定和禁止。

其次，应把握男孩的冒险分寸。

鹏鹏 4 岁多，喜欢爬上家里的窗台（有防护栏）。妈妈说，那地方太高了，摔下来会疼。鹏鹏总是不听，说不爬没防护栏的窗子，这个有防护栏，不会掉到外面的。爸爸最后则把一个厚垫子放在了窗台下面，防止鹏鹏摔伤。

喜欢冒险的男孩，对越是超出正常水平的事情越感兴趣。他们不知道自己是否能做到，愿意一再地去尝试。这时候，父母可以给他们时间去理解他们能做什么，不能做什么；也可以适当放手让他们去尝试。如鹏鹏的爸爸为了防止他不小心摔倒，就把垫子安放在窗台下面。父母在有足够安全保障的基础上，要允许男孩去尝试他想做的事情。在必须阻止他的冒险行为的时候，不要只一味地制止，一定要让他明白原因。

男孩喜欢冒险是因为他们对生活充满了好奇，他们想要自己来探索，这是生命力活跃的表现。父母一定要对男孩进行正确的引导，让他们在冒险中获得新的体验，获得勇气、信心和进步。

榜样的力量

2008 年媒体报道，南宁市一位小名叫“牛仔”的小学一年级男生，虽然只有 7 岁多，但已经是有两三年 IT 工作经验的计算机“高手”了。

小牛仔 3 岁就会安装 Windows98 和 XP 电脑系统软件；4 岁学会了 DOS 命令、安装各种电脑驱动和下载一些游戏软件；5 岁学会安装电脑硬件；6 岁半开始学习大学编程软件。而这时候，他的拼音和汉字还认识不了多少。

7 岁孩童表现超群，有什么诀窍呢？媒体纷纷称小牛仔为神童，认为他有计算机方面的天赋。但另一个原因不能忽视——牛仔从小和作为电脑技术员的舅舅生活在一起。

孩子的成长，除了周围人的教导之外，很大程度上是通过模仿和学习周围人和事物来获得的。

另一个例子是，2009 年，合肥 7 岁的小信已经可以通过股票赚钱了。因为小信的爸爸喜欢炒股，小信经常跟着观察股市，他在 4

岁的时候开始被允许用压岁钱来炒股。

男孩的模仿行为是无时无地不在的。那么，父母怎样才能顺势利导，利用男孩的模仿天性来培养男孩的阳刚气质呢？

首先，父母是男孩最好的榜样。

有一个小男孩上学后从不参加学校的劳动。老师问他原因，他回答说："劳动是女人的事儿，我爸爸在家就从来不劳动。"

男孩在产生性别意识的时候会无意识模仿爸爸的行为，因为爸爸是男孩成长的榜样。作为男孩的爸爸，要为男孩树立有利于他们身心成长的榜样。比如，爸爸应当作到自己的事情自己做，分担家务活，不要总是推给妈妈来做，这样，既能理直气壮地教育男孩"自己做力所能及的事情"，同时也是很好的被模仿对象。再如，在男孩开始上学后，爸爸更应该做到按时上下班，不迟到不早退，男孩才能跟着做到上学不迟到不早退。爸爸的言行是男孩的指导书。当然，作为妈妈也需要做好男孩的榜样，妈妈要求男孩不骂人、尊重老人，自己也需先做到。

男孩在妈妈看报纸的时候，念出了报纸上大写的数字。妈妈既好奇 4 岁的孩子是怎样在没人教的情况下认识的这些汉字，又想考验他是否真的认识大写的数字。结果发现，从一到十，除了十这个数字，其他字男孩都认识。妈妈问男孩是怎么学会这些数字的，男孩说是在他看爸爸玩麻将过程中学会的。

男孩喜欢模仿和学习身边的人。这个男孩从玩麻将的父亲那里学会了认数字，这是可喜的；但肯定也从玩麻将的父亲那里学会了别的东西，比如好赌，这是需要警惕的。这就是父母对孩子的影响，有正面，也有负面，一切都在无声无息中完成。

其次，要从周围人里为他找榜样。

父母可以在亲朋邻居之间为男孩找到好朋友、好榜样：让男孩多和爱运动的小朋友一起玩，可以防止他成为宅童；让男孩和亲戚朋友家的女孩一起玩，让他从小懂得尊重女性；让男孩向年龄稍大、独立、有主见的男孩学习，让他更容易走向独立，等等。

愤怒的小鸟

很多父母担心让男孩接触电视、电脑会对他们的成长造成负面影响。美国的一项调查显示，有将近 70% 的家庭是一边吃饭一边看电视。在这个阶段的男孩，平均每周要玩 8 个小时的电脑游戏。

很多男孩如果没在看电视，那么可能在玩电脑游戏或者在和朋友用电脑聊天。对他们来说，看电视和打电子游戏是为了打发无聊的时间。对此，父母应该怎么做呢？

与其严禁，不如合理引导，培养男孩的自律能力

虎虎平时很少看电视，因为父母有禁令，父母也不经常在他的面前看电视。一次，虎虎和妈妈到邻居家串门，邻居家的小朋友正在看动画片，虎虎也就自然被动画片所吸引了。虎虎回到家后，希

望在家里把动画片看完，但妈妈没有同意。

作为父母，想要完全杜绝男孩看电视是不可能的，因为他们不可能生活在无电视电脑的世界之中，他们肯定要接触这些数字产品。所以，完全的禁止是不现实的。当然，父母可以以身作则，不起带头作用，少看电视，或者等到男孩不在身边的时候再看电视。父母或带孩子的老人可以安排男孩看符合他的年龄段的电视。

现在很多电视频道会在假期安排连播节目，电脑游戏也会在假期发放平时很难得到的节日大礼包，想要男孩自觉抵制诱惑是很难的。很重要的一点是，父母要合理引导，培养男孩的自律能力，限制他看电视、玩电脑的时间。请看这两个案例：

承承上小学的时候有了自己的电脑，买这个电脑的钱，一半用的是承承的压岁钱，另一半由父母支付。爸爸规定：这个电脑是一个工具，承承可以用来学习、看新闻；要注意休息，玩游戏只能在周末，时间只有两个小时。承承同意了，并一直遵守到高中。承承并没有因为有了电脑而成为宅童。他初中三年学会了 word 等办公软件，掌握了很多数学软件，学着做 3D 图，而且还玩了不少电脑游戏。

柴柴的妈妈让柴柴弹钢琴，柴柴也很喜欢。妈妈和柴柴约定：表现一般，获得一个硬币；表现好，获得两个硬币；表现很好，获得三个硬币。每一个硬币可以看一集动画片。柴柴同意了，他觉得这是他和妈妈玩的一个游戏。

用其他活动挤占男孩的业余时间

男孩在面临诱惑的时候很难做出选择，那么父母就要提供更多的选项，让他能够不看电视、不玩电脑也可以打发无聊的时间。

绍辉9岁，长得虎头虎脑。但是在某段时间里，迷上网络游戏，险些成了宅童。爸爸为了“拯救”绍辉，带着绍辉骑自行车旅游。他和儿子一起研究旅游攻略，带上简单的行李就出发了。旅行中虽然千辛万苦，但是绍辉毫无怨言，反而成长得更快。

利用电视、电脑游戏促进男孩的学习、成长

博博迷上了电脑游戏“植物大战僵尸”，妈妈没有反对，但是妈妈想让博博通过玩这个游戏学到些什么。于是，她对博博说：“告诉我，这是一个什么样的游戏，你为什么喜欢玩，你觉得妈妈是不是也可以玩这个游戏。”妈妈是要让博博清晰地组织语言，并学会简单的推销。在妈妈的指导下，博博最终完满回答了妈妈的提问。通过交谈，博博学会了沟通、谈判和分析……

会玩的孩子才会学习。博博的妈妈通过让男孩解说这款游戏，引导男孩对游戏本质的思考。拿男孩爱玩的游戏举例：男孩玩“愤怒的小鸟”，父母就告诉他什么是力，怎样才能更好地运用力；男孩玩“植物大战僵尸”，父母可以和男孩一起设计僵尸和植物，让植物和僵尸“相生相克”；等等。要让男孩能够从游戏、电视中走出来，懂得道理、掌握知识。

爱动胜过爱静

相对女孩来说，男孩更喜欢运动而不喜欢安静的事情。从男孩的发育来看，男孩的大脑似乎不像女孩那样适合阅读。常常，父母和老师会发现男孩很难对阅读感兴趣，阅读和书写被男孩看作是一种“苦差”或者“惩罚”。由此看来,男孩喜欢“动”,女孩喜欢“静”。面对这种情况，父母应当如何呢?

以身作则，为男孩创造一个读书的环境

在很多家庭中，父母很少看书，或者希望在男孩安静的时候再看书。这就很难给男孩做出榜样。让男孩喜欢上读书，父母就应该经常读书。父母可以在家庭中摆放一些自己喜欢的书籍、小孩应该看的书籍，规定家庭成员在某段时间需要读书，以此带动男孩阅读图书，并循序渐进培养男孩阅读图书的习惯。

投其所好，为男孩选择他们喜欢的书籍

在学校里，老师们想要控制时间、空间，让男孩在一个固定的环境里学习知识，但是男孩天性好运动，这让他们很难对阅读感兴趣。作为家长，小学时候，男孩的学业不重，让男孩喜欢上阅读的一个好办法就是——为男孩选择他们喜欢的，带有冒险、幻想、刺激元素的书籍。在这段时间，可以为男孩选择科学故事、传奇传记、英雄故事、数学游戏书、发明创造类读物、旅行游记类图书等。当然也可以经常带男孩走入书店、图书馆，让他选择自己喜欢的书籍。

动静结合，让男孩能够坐下来阅读

锐锐在学校里特别兴奋：平均每一节课能回答老师好几个问题，课间休息时间和同学在校园里乱跑，放学后还要到学校的篮球场打一阵子篮球再回家……

但是，他一回到家就蔫了。他不想做作业，不想读书。

后来，妈妈就让他在学校里多打一会儿篮球，前提是只要他能做到回家后专注学习。锐锐为了有时间玩，就努力去达到妈妈的要求。不久，他做作业越来越专注了。

正所谓“强扭的瓜不甜”，不要强求。既然男孩喜欢运动，就让他多参加运动，让他了解到父母尊重他运动的权利，他也会努力达到父母的要求。让他学习的时候专注于学习，玩的时候认真玩。

对外部世界充满好奇

男孩对外部世界充满兴趣是很正常的事情，这是他们的好奇心在驱使他们去了解世界。对此，父母可以尝试做到：

不逃避不拒绝，正视男孩的好奇。

一天晚上，妈妈回家后感觉很累，想躺会儿，结果就睡着了。醒来后，发现儿子翻看过她的手机QQ。问了儿子才知道，儿子对妈妈的QQ感兴趣的原因是，他和他的朋友都好奇他们的父母在父母群里都聊什么。第二天，妈妈索性让儿子光明正大地看一看这个神秘的父母群在聊些什么。

很多父母在男孩问问题的时候不理睬、嘲笑，有时候会厌烦。这些行为只能压制他一时的好奇。一些研究表明，成人的压制态度会让小孩感到沮丧并放弃提问、不再好奇，这样也容易让他对父母产生逆反和防备心理。因此，当发现男孩好奇的时候，切忌厌烦、批评、讽刺他。要试着帮助他，满足他的好奇心，让他了解到他所感兴趣的事情并不那么神秘。

作为父母，不但不能扼杀男孩的好奇心，还要尽量创造条件满足男孩的好奇心。比如，经常向男孩提出一些问题，这些问题可以涉及男孩的日常生活，也可以是历史典故，或者当下的先进科学技术等方面，以此激发男孩的求知欲和好奇心，培养男孩的探索能力。

男孩因为接触的环境狭窄，所以总是对外界充满疑问。当男孩提出稀奇古怪的问题时，父母可以让男孩开动脑筋自己找到答案，也可以帮助他开阔视野，尝试和他一起去寻找问题的答案。比如为了让男孩感受到不同地区的人情风土，可以带着他多出去旅游。

无法控制脾气的男孩子

男孩控制不了自己的脾气，有的是感到了不公平，有的是碰到了家庭矛盾，有的是父母过于宠溺、放纵所致，有的是父母忽视他的存在……总之，没有无缘无故的发脾气，他们需要一个宣泄口。

但发脾气的男孩往往表现得很冲动、很激烈，对大人来说，是不可理喻的，是“捣蛋鬼”；对男孩自己来说，他们的坏脾气会让他们失去朋友。

父母面对无法控制脾气的男孩，可以尝试采用以下方法：

允许男孩表达自己的不满

人很难做到没有脾气，想要让男孩不发脾气，首先就需要让男孩能够表达他们的不满。父母如果总是一味地向男孩灌输道理、进行说教，对他们是不起作用的。这样，越压制，不满越多，发起脾气来更激烈。比如：尽量给他们提供一个比较开明的环境，让他们能够表达自己的意见；不要认为他们回话就是顶嘴，他们打架就是坏孩子，要让他们说明自己为什么发火；试着让他们自己来考虑怎样才能不发火。

男孩发脾气的时候不要“火上浇油”

不要认为男孩乱发脾气是不可理喻的事情，实际上，很多大人都无法做到不发脾气。父母在男孩发脾气的时候一定要首先控制好自己的脾气，让男孩把脾气发出来，过后再和他聊天，开导他，教育他。

飞飞在上小学三年级后，性格也开始改变。他从前是比较温和的，但是这时期却和父母顶嘴，而且经常闯祸。妈妈非常生气，觉得飞飞开始不讲道理了。

后来，妈妈发现是孩子长大了，而自己还把他当小孩子看待。此后，妈妈也开始改变了。她和飞飞的爸爸约定好，飞飞犯了错误，只要不是原则性的问题，他们不在当时过度批评飞飞，等事情过去一段时间后，静下心来慢慢讨论问题。他们发现，通过这种改变，他们和飞飞的矛盾不像以前那么多了，亲子关系又融洽了。

教会男孩避免发脾气的办法

明轩总是因为朋友给他起外号而不高兴，他听到这些绰号的时候就会乱发脾气。老师总是责怪他发脾气，但是不去制止别的人给他起外号；他的父母告诉他要对朋友有礼貌，不能和他人打架、不能给别人起外号。这样一来，他不满意的时候只能发脾气。

明轩无法释放心中的郁闷，只好发脾气。另一类男生在释放情绪时会选择哭啼，而很多父母认为男孩要成为男子汉，所以是不能哭的，这就让他们很难平复压抑的心情，这对他们的成长也是相当不利的。

男孩的自控能力差，父母要教会他们寻找自己释放负面情绪的办法。如果他们喜欢打球、喜欢音乐，就让他们想要发脾气的时候去打球、听音乐，转移注意力，不要让他们总是把心事憋在心里。让男孩做他喜欢做的事情；带男孩走出家门，参与户外运动；为他们制订一个“不发脾气计划”，让他们尝试去遵守。鼓励他们用和善的语气表达自己的不满。

“别再像对待小孩子似的对我！”

男孩在8岁之后，他们有了烦恼也尽量不去求助大人，因为他们不想让父母还把他们当作一个小孩。过于认真的父母想要试图安慰他们，却会让他们觉得父母过于紧张，或是在嘲弄他们。男孩很希望能够自己找到问题的解决办法，对此父母可以做到：

尊重他，认可他

俊明初三，各科成绩都很差。家里条件一般，但即使请家教也无法让他成绩变得优秀。他的父亲是本科毕业，他的母亲是初中毕业。父亲为了赚钱养家经常不在家，母亲对孩子各种宠溺。爸爸嫌弃他又懒又笨又不懂得交际……

所谓“冰冻三尺非一日之寒”，男孩可以成为什么样的人和父母的教育脱离不了关系。即使父母突然发现男孩变得像俊明一样“一无是处”，也要尊重他，认可他。尊重孩子的意愿，遇事经常和孩子商量，是对孩子的一种赏识和尊重。对于父亲来说，对孩子的尊重是了解孩子最好的途径。如果父母尊重了自己的孩子，孩子反过来也会尊重父母。只有父母想了解孩子的想法时，孩子才会大胆地告诉父母。像俊明这种家庭，父母在平时对孩子缺少关注，却一味地嫌弃自己孩子的能力。这样只会使孩子陷入一种错误的自我认知怪圈，甚至发展到和家长对立的程度。孩子都不可能全面优秀，但他们需要父母的认可，只有父母的信任，他们才有改变的动力和机会。

为他提供独立的个人空间

安安 14 岁，他突然开始变得特别注意个人形象。他每天要在镜子面前停留很长时间，对自己进行细枝末节的修饰。这让他的爸爸感觉特别不能理解，觉得男孩完全没有必要这样。而安安自从买了一个手机，他放学回家后就开始把自己关起来，因为怕父母看到，经常把自己关在卫生间里很长时间。和爸爸去海边游泳，爸爸习惯性地和安安在一间屋里换泳衣，但是长大的孩子坚决不同意，一定要求自己一个人换。爸爸突然觉得，孩子长大了。

每一个成人都渴望自由，想要拥有一定的私人空间，让自己好好地释放和独处，这种情况也同样适用于孩子。孩子在日常的学习和生活中也渴望一定的自由和私人空间，特别是进入青春期的孩子，心里开始有了一些小秘密，这些秘密是只能自己品味而不能与他人共享的。家长疼爱孩子，有时甚至总是拿自己的想法去衡量孩子，认为要随时掌握孩子的所有信息和情况，才能使自己放心，才能时刻掌握孩子的动向，帮助孩子更好地成长。其实家长的这种想法是不利于孩子成长的，父母要尊重孩子的私人空间。

请不要说教

康平 15 岁，就读高一。他生性善良、老实，但是发起脾气来不顾后果。喜欢那些都市男孩喜欢的新潮游戏，进入重点高中后，由于要求较高和高中自主学习要求较高等特点，他在班上的排名一下子就处于下游了。爸爸试图和他沟通，但这对父子从小学到初中一直都是说教式的教育，爸爸不厌其烦地教他做人的道理、学习的方法，达不到要求甚至批评他，指责他，还动手打他，直到有一天他开始反抗，甚至反抗的力度越来越强。此时的爸爸才明白自己的教育方法存在大问题，正是自己过去的这种简单错误的教育方法才培养了孩子的叛逆情绪。

很多父母和男孩沟通不是为了解决问题，而是想要男孩事事服从；不是以倾听和协商为主，而是以命令和说教为主；不是关注男孩在想什么、需要什么，而是关注男孩取得的学习成绩。父母这样就很难和男孩沟通，也很难走进男孩的内心世界，男孩也很不愿意和父母沟通。如果沟通不畅，就把生活打理好，把自己的事情做好，把家庭氛围调节好，远远地看着他，给他一个缓冲期。

把他当作成人，悉心听取他的建议

穆楠最近很苦恼，17 岁的他总被父母当成不懂事的小孩儿。他有很多想要做的事，可是家里都不让，家人担心他的安全。他想和朋友去旅游，去离家几个小时的城市，父母也不肯，说怕他会被坏人拐走。就连他去同学家睡一晚，妈妈都会很不放心，说同学之间也有坏人。17 岁的少年，本来就是想着要放开视野，想要锻炼自己。在他周围的很多同龄人里，也已经有很多同学结伴去旅游的了。穆楠也有想过直接一走了之算了，可是又不想让妈妈担心。

“把孩子看成是与自己平等的人”，这是许多父母难以完全理解并且很难做好的事情。什么是平等？孩子想要什么就给什么，想做什么就做什么，并不是真正的平等。平等意味着在生活、学习、工作的各个细节上尊重孩子的需求，相信他的智慧和能力，信赖他的品德，理解并允许他保持与自己不同的价值观和生活方式。把这个时期的男孩当成成年人，让他去决定他想做的事情。让他能够切身感受到他可以在父母的放手下成长，也是锻炼他的时机。

喜欢自己做出选择

兴元的老师留了一份作业，让兴元把《城南旧事》的读后感和故事梗概各写一篇。但是兴元对这本书根本不感兴趣。爸爸为了督促他完成作业，带着他在寒假观看了由这本书拍出的电影。然后为他找了几篇水平很高的评论，让他凑成一篇读后感。兴元却非要自己在网上找资料。

初一的德明学习成绩总是上不去，爸爸想给他报补习班。但是补习班的价格是100元一小时。如果按照这个价钱让他补课补到初中毕业，他儿子在补习班上就需要1万多，还不一定能有效果。他爸爸于是从银行里取出1万元钱放在餐桌上，明确地告诉德明，如果他能够在初三取得优异成绩，这钱就是他的了。德明受到鼓励，抓紧一切机会努力学习。初中毕业，他因成绩优异获得了奖金。

培养阳刚男孩，必须注重选择判断的能力的培养。在案例中，爸爸自作主张想要帮助男孩在作业上作假，但是男孩却希望自己从网上寻找答案——这说明，男孩知道如何去解决问题，虽然这种方法并不值得提倡。德明爸爸对上补习班做了简单的评估，认为上补习班并不一定能够帮助孩子提高成绩，于是用金钱来鼓励孩子。孩子通过这种鼓励，既完成了父亲想要他取得优异成绩的目的，又让他获得现金报酬——这说明，男孩能够分析出努力学习会带给他怎样的利益，虽然这位父亲的办法也不值得提倡。有的父母对孩子从小就有一种按自己的人生理想、价值观念和行为方式塑造的倾向，而不考虑孩子本身的素质、兴趣，对孩子像捏泥人似的强行塑造。有的父母不懂孩子的心理特点，不能体验更不能进入孩子的心理世界，武断地用自己的思维方式代替孩子的思维方式。

事实上，每个男孩都具有根据眼前的境况做出判断的能力，而不是一味地等待父母命令指挥他们。那么，父母应该怎样培养男孩的选择判断力呢？

让男孩尝试

伟伟和父母久居海外。一天，他们到妈妈的朋友家做客。伟伟从来没有见过馄饨，他看到一个生的馄饨就往嘴里放。主人想要制止他，但是他的妈妈说："不用管他，他只是想要知道生的馄饨能不能吃。"果然，伟伟吃完馄饨以后，就皱着眉头吐了出来，此后，他知道馄饨必须煮熟才能吃。

尝试，是让男孩学会判断的第一步。很多父母总是告诉男孩不能做什么，但是总是不告诉他们为什么不能去做，这样对男孩来说很难有说服力。因此，父母一定要提供机会让男孩尝试。比如，父母在陪男孩下棋的时候，不要管他怎么去走，要让他按照自己的步骤去走，多做练习，他就会明白为什么他的走法是错误的。

很多父母总是觉得男孩需要监督才能好好做作业，需要看护才能自己一个人待在家里。但是还有的父母却很自豪地说自己的孩子不用监督，他可以处理好自己的事情。

这是什么在起作用？那就是信任。有的男孩被父母干涉太多，喜欢了被宠溺、爱护、监督，所以他们做不到自觉，不能做自我判断；而另一种男孩因为父母给予了信任和鼓励，他们能够自作主张，所以他们不需要父母的督促。让男孩尝试，就是给男孩机会去做他想做的事情，年少时候的任何一次尝试，对男孩来说都是一笔财富。

上述案例中德明父亲采取的金钱奖励虽然不值得提倡，但是这也让男孩真切地感受到自己不努力学习的下场就是得不到巨额奖励。尝试失败能很大程度地刺激到他。而对于很多男孩来说，他们很难把不努力学习和将来的工作生活挂钩，他们也很难做到自我督促。

让男孩去做，对于很多中国父母很难做到。但是这正是男孩所期待的。因为他们能够通过自我尝试了解到他们的决策能够产生怎样的后果，他们能够体会到怎样做才是最合适的。他们不需要父母告诉他们答案，他们希望自己去体验。只有通过他们的不断验证，他们才能真正愿意去做，真正体会到父母的良苦用心。

让男孩感受自己抉择带来的后果

涵涵最近突然变得心情浮躁，因为他不大满意自己现在的学校生活。在选择高中的时候，他因为参加一个活动，耽误了他想报名就读的高中学习的机会；而他在选择课外班的时候，由于没有想明白，选择了一个他不甚喜欢的课外班。当他觉得学校生活枯燥无味时，他开始后悔自己当初的选择。

孩子的社会知识和生活经验不足，在自主选择时，出现偏差是难免的。但是，并不能因此就不让他们选择。让男孩自己去做判断也可以让他自己去承担后果，进而明白每个抉择所带来的责任与义务。

刚上初中的周健学业变重，作业变多。周末休息，朋友邀请他摘草莓、打球，爸爸说想要带他看电影，但是他还有作业要做。妈妈让他自己安排时间。他想了一下说："要想参与所有活动，就需要先完成作业。"于是他抓紧时间写了作业，然后约同学一起玩，最后和爸爸一起观看了电影。到晚上睡觉的时间，他不禁感慨："这一天真是充实啊！"

周末是要先看电视还是先写作业？是要睡到自然醒还是早早起床？很多男孩总是犹豫不决，但是很多情况是，他们会选择最先让他们感觉舒服的。当父母劝说他们去做那些让他们感觉不舒服的事情时，男孩就会产生反抗心理。

父母要帮助男孩逐渐认识自己，让他们能够通过自己的性格特点做出判断。如果男孩无法做出让父母满意的判断，父母可以让他们体验判断所带来的后果。周健想要在周末既体验摘草莓、打球，又能和爸爸一起看电影，他就选择了先完成了作业；父母可以让他们来决定他们什么时候吃饭、什么时候玩，让他体验一下玩的时间过长，会给他们带来怎样的后果，及时对他们的行为进行修正，然后分析原因、解决问题，最终完善自己。

选择和责任是一对孪生姐妹，人的责任感是在自我选择中形成的，一个人没有选择的权利，只有被选择权，也就不会承担什么责任。因此，多给孩子一些自主选择的权利，让孩子对自己的事做主，是培养孩子责任心的需要。同时，在选择过程中，又能培养孩子克服困难、战胜困难的顽强意志，形成遇事冷静、有主见的良好心理素质。

打架是为了发泄情绪

事实上，男孩也并非天生就喜欢打架，他们打架只是为了发泄压抑很久的情绪。男孩打架，从男孩心理入手还可能有以下原因：

男孩在小的时候，由于父母宠溺，总是以自我为中心，不懂得分享、合作。

在某种特定环境下，男孩不能用语言解决问题。

男孩想要表示友好，但是不知轻重。

父母经常吵架、打架，孩子对此耳濡目染。

父母的介入，破坏了男孩之间处理问题的规则。

遇到这些情况的时候，父母不要过于宠溺男孩，要教会男孩理性地解决问题，父母之间避免在男孩面前吵架。但有些时候，语言教导对于男孩是无效的。男孩喜欢打架是他们需要一种解决问题的方法，需要发泄愤怒。父母需要做的就是让他们有机会能够发泄情绪。

在男孩成长过程中，免不了要和同伴发生争执，而这种争执是不需要成人介入的。小孩子很容易做到刚刚打过架又很快能够一起玩。父母要尽量放手，让他们在争执中找到互相能够妥协的解决办法，不要让他们因为过于隐忍而产生心理阴影。这也是男孩学习与人相处、学习调剂人际关系的大好机会。

处理男孩打架问题的技巧。

教给男孩原则，然后放手让他自行解决纠纷

景辉在上幼儿园的时候经常被同学起外号，他心里有了阴影，曾一度不想去幼儿园，父母对他进行语言开导，让他不要理会那些同学，这种阿Q式的精神安慰法在一段时间内消除了他的心理恐惧感。但等到景辉12岁的时候，他已经实在忍受不了同学们给他起外号，他在同学给他起外号的时候表现得非常愤怒，他直接给了那个同学几巴掌。他甚至扬言，谁再给他起外号，他就掐死谁。老师认为景辉过于狂躁，让他回家反省错误，但男孩觉得自己并没有错。

景辉发展到成为一个喜欢打架的男孩，是因为他的父母让他忍让，让他变得无处发泄情感。因此，父母需要在男孩要上学的时候，在独立找伙伴玩游戏的时候，告诉男孩如何解决纠纷，让他了解到怎么做可以缓和矛盾。当得知男孩打架之后，要尽量和对方父母取得联系，让男孩们自己来解决问题，父母不要过于包庇自己的孩子，也不要让自己的孩子一味隐忍、礼让，让男孩压抑的情感能够发泄出来。

为男孩树立规则、底线

鸿飞家里的大人很多，就鸿飞一个小孩。这样一来，几乎每个人都很疼爱他。他的玩具和食物都很多，妈妈教导他不要打架，好东西要和朋友分享，鸿飞做到了，但是问题出现了。每当他和伙伴分享的时候，别的孩子还想吃，还想玩，就会抢。有的时候是有一个小朋友带头，其他小朋友就会一起抢。玩具分享出去别的小朋友就不还了，有时鸿飞自己玩的时候，还会被殴打。

在一个文明、平等的环境中如果想获得最大限度的自由，就必须有规则来保证。大人能够遵守规则，是孩子得到自由的基本保证。在这个前提下，每一个孩子都会知道他做事情的底线，并且知道这个底线是由自己把握的，而不是大人。家长教会孩子分享、忍让，但孩子得在不受家长强制和惩罚的生活中逐渐学会如何生活，摆脱“不好的”、“常犯错误”的状态，走上自由的、快乐的、有规则的、成长的轨道。像鸿飞，如果他在分享之前提出“不许借了不还”、“不许弄坏我的玩具”等等底线，让他的朋友们事先知道男孩并不是好欺负的，他是有规矩和底线的，这样就能建立一种良好的公平的相处模式。

培养男孩正确的是非观

佳明放学时，一个 12 岁的男孩冲了过来，硬是把他撞倒在地，使他狠狠地摔了一跤，把膝盖都跌破了。可是这个男孩子不仅不道歉，反而冲着佳明做鬼脸。就在此时，男孩子的母亲跑了出来，看到自己的儿子没有吃亏，于是笑呵呵地轻描淡写地说了一句“对不起”，便跑远了去追自己的儿子。不久，佳明便听说了这个男孩子闯祸的消息。原来他在学校的滑梯上，故意将一个孩子猛地推了下来，导致这个孩子骨折，家长出了一万多元的医药费，才把这件事了结。

虽然祸是小男孩闯的，但这件事与他母亲的是非观教育脱不了关系。因为男孩子母亲纵容自己的孩子，没有对孩子进行正确的道德是非观灌输，最终悲剧发生，这完全是母亲教育不当的结果。

要知道，孩子往往受父母的影响巨大，这是由他们这段时间的心理特点决定的。孩子们喜欢模仿，喜欢学成人的样子做事，特别容易接受周围环境的暗示。如果家长总是以错误的行为影响孩子，那么导致不良后果是非常自然的。

家长在孩子面前，要有正确的是非观念，当孩子做错事情时，要及时说明错在何处，绝对不能只是一味地批评，让孩子不明所以。当孩子与小伙伴闹矛盾的时候，父母一定要弄清楚来龙去脉，如果是自己的孩子错了，要勇于承认错误，向同伴赔礼道歉，切不能庇护自己的孩子而去指责同伴，要让孩子搞清楚对错，否则会模糊孩子的是非观念。对就是对，错就是错。

“好色”的男孩

德润上小学四年级时就开始喜欢他们班上的一个女孩。他的父母认为，他什么都不懂，只是小孩过家家。等上了初中之后，父母无意中发现他和女孩秘密约会，并在树林里亲吻。这下德润的父母慌了，他们怎么也不能相信自己的儿子竟然这么“好色”。

十几岁的少年，正处在人一生中最重要的阶段。由于生理和心理发育的急剧变化，从而使情绪易于波动，活动能力增强，人格独立要求增加，同时由于体内荷尔蒙的分泌发生了变化，性器官的发育开始萌动，对异性开始产生兴趣，有愿意与异性交往的想法。异性交往，本是极其正常的事，正如人与自然应当和谐相处一样，不能用“有色”的眼睛去裁判。在电视电脑等电子产品的影响下，男孩女孩过早地有了暧昧现象，但是他们的爱情观并不成熟。对此，父母一定要奉行以下教育原则。

不要全面否决、全面扼杀这些小“火苗”

俊楚的父母发现他的QQ空间似乎存在“暧昧”。妈妈像朋友一样和他聊关于恋爱的事情，俊楚也半开玩笑似的对母亲说他喜欢班上一个女生的性格，而不是长相。他对妈妈说，这个只是以前的事情了，以前两人没有发展感情，以后也不会发展感情。他的妈妈很开明地对他说：“没事，我真为这个女孩感到骄傲，因为她能被我这么好的儿子所欣赏。”俊楚发现妈妈并不责怪他，他也就愿意把自己的“心事”告诉妈妈。妈妈也能够“连哄带骗”地了解他是否在恋爱。

很多父母害怕男生恋爱耽误学习，他们在看到男孩刚刚有恋爱苗头的时候就对他们进行扼杀，谈话、换座、转学无所不用。这样做的后果无异于“火上浇油”。甚至出于逆反心理，男孩把本来似有若无的事情变成事实。而父母，也失去了孩子的信任，不愿意把他感情上的事情分享给父母。这样男孩也就更容易误入歧途。每个人都是要经过青春期，都会有“悸动”的感觉。父母想要让男孩的价值观不偏差，就不要扼杀他们的思想，要能够从一个朋友的角度给他们提出建议。

及时为他诠释男女之情

男孩向心仪的女孩表白，女孩把情书撕了。因为女孩说，班上的另一个男孩送给她一个苹果手机。经过男孩的多方打听，他才知道送女孩手机的那个男孩也喜欢这个女孩，只是那个男孩的家里条件更好些。这让他感觉备受伤害，认为女孩都是这么功利物质，再也不想接近其他女性。

现今社会，男孩接触的世界过于丰富多彩，他们喜欢模仿大人谈恋爱。但是要让他们先学会尊重异性，学会用真诚对待他人，学会了解男女之间的差异，了解到恋爱和婚姻的区别。不要让他们过早地带着有色眼镜来看待爱情和婚姻。谁也不能否认晓晓这份不成熟的表白中那少年炙热纯洁的情怀，这是每个人都会经历的美好。不要指责男孩的不安分，要试着让他来表述他所认为的爱情是什么，并和他平和地交谈，让男孩坦率地去面对，并拥有足够的判断力。

可以经常在他面前“秀恩爱”

父母的爱情观能够影响男孩。父母要经常在男孩面前表现出什么是“负责”,怎样是相爱。父亲可以坦诚地告诉男孩他的爱情观念、婚姻观念，让男孩觉得爱情不是私密、见不得人的事情。

作为成年人，我们当然知道不该在孩子面前做什么；但是对该在孩子面前做什么却缩手缩脚，生怕有什么地方做“过火”了，一不当心成了“教唆犯”。其实您大可不必这样担心，男孩能够通过观察他们父母的行为，在幼年时获得这种爱与被爱的能力，那么说明父母首先带给了孩子“幸福的理念”。同样，如果孩子在幼年时没有获得这种能力，那么他在长大成人后，会出现一系列问题：社会交往时矜持、不自然，工作时拘泥、难于创新，很难和同事、朋友相处等。

爸爸妈妈之间的爱正体现了家庭的和睦与健康。这种“教育”本身也正是儿童早期“性教育”的主要内容之一呢！在这样的家庭气氛中长大的宝宝，他们会充满爱心，知道如何去表达自身的诚意和友情，和周围的人有着良好的关系，也能得到他人的爱。当然，这样的孩子也能比其他人获得更多的幸福和愉快。

不听话是他的本能反应

在这一时期，男孩开始进入叛逆期。他们开始有主见、不听父母的话，他们开始反抗父母。父母对待这一时期的男孩不要争锋相对，不要采取强制手段，不要过度抱怨、唠叨。要尽可能跟上男孩成长的脚步，在和男孩有冲突的时候，能够感受到男孩心理、情感上的细微变化，能够了解到男孩语言背后的意图，不要认为父母的教育、命令是权威不可侵犯的。

应对叛逆期的男孩，父母可以尝试从以下几方面着手。

引导男孩自投罗网

英明的妈妈想要让英明学一种乐器，但是她怕孩子反抗，于是一直没有提起。等孩子上了初中，妈妈经常带英明去听一些音乐会，还经常提及自己上学的时候会弹吉他的男生是多么地受女孩的欢迎。很快，英明主动提出要学吉他，于是妈妈很高兴地给他报了一个吉他班。兴趣是最好的老师，报了吉他班后，占用了他很多学习时间，他也毫无怨言。他的手起茧子了，他还会觉得很高兴。

采用这个方法的好处是能够让男孩自觉去做父母想要他去做的事情，缺点是方法过于被动。

尝试对男孩冷处理

一天早上，鸿禧的妈妈为儿子准备了馄饨、猪肝、牛奶、酸奶作为早餐，但是鸿禧一起床就向妈妈抱怨他不想吃妈妈准备的饭菜。妈妈没有理他，大口大口地吃起早饭，用行动向他表示："你喜欢吃就吃，不喜欢自己去做饭。"鸿禧看妈妈不理自己，也只好吃起饭来。

在这一时期的男孩即便叛逆，也没有办法自食其力，只能向父母使小性子。冷处理是要他接受现实，不要太过分。当然，父母需要在男孩不占理的时候使用这招才能让男孩心服口服。

偶尔对他说反话

德义爸爸因为工作原因经常不在家，妈妈一个人管教他。一天晚上，他看着《宋史》入迷，不想洗澡睡觉，妈妈不知道怎么说服他，就对他说："你不洗澡就算了，但你要看就看整个晚上吧，这样才显得更爱学习。"说完把德义的房门关上，去做自己的事情。而叛逆的德义听到“爱学习”几个字眼，马上放下书去洗澡，以洗刷自己书呆子的形象。

当叛逆的男孩油盐不进时，父母可以尝试对男孩说说反话，利用男孩的叛逆心让他去做正确的事情。使用这个方法的关键在于父母要足够了解男孩，知道他在乎什么，再留给他思考的空间，让他思考自己应该做什么。如果反话效果不明显，则需要为男孩设定规矩。

不重复自己的要求，试着听取、赞同男孩的观点

正阳开学一个月，他突然告诉妈妈他的学费没有交。经过一番检查，妈妈发现他忘记激活需要缴费的卡。妈妈想要责怪正阳对这件事不上心，就对他说：“你都这么大人了，自己的事情还不操心……”正阳立即接过话茬：“要是在过去，早成家了。你现在还这么唠叨。”

男孩在这一时期不喜欢老生常谈，因为他们自己明白大道理，只是不愿意按照标准去做。在这时期的男孩想要独立自主，不想听从父母的意见。实际上，父母也无需事事为他操心。想要让男孩自主，那就在遇到任何与他相关的事情时，先征求他的意见。比如他的成绩只得了一个良，就询问男孩要怎么办，男孩如果说无所谓，父母就夸奖他有想法，如果他提出了具体改进的办法就更需要鼓励他。当男孩意识到父母能够站在他的角度上来看待问题，他也会希望和父母保持亲近关系。在需要他做什么的时候，坚定地告诉他需要做

什么，什么时候完成，尽量不要重复你的要求，在他不能完成的时候对他进行小小的惩罚。不要多次重复你的要求也是让父母的话有力度的办法。

保持平和心态面对男孩的叛逆

在一段时间里，浩浩天天都给妈妈找麻烦。他早上上学时皱着眉头，晚上回家不想写作业，还总是发脾气。妈妈拿他没有办法。后来，浩浩的姥姥来到他们家做客，妈妈“退居二线”把教育男孩的工作交给姥姥。姥姥督促男孩写作业写到晚上 10 点半，他居然没有任何抱怨。

后来，妈妈对姥姥说，平时如果浩浩到 10 点半还没有写完作业她一定发脾气了，因为她会担心浩浩睡眠不足、担心他考试的时候时间不够用。姥姥说：“因为孩子天天和你在一起，有脾气就只能向你发，现在我来了，他就可以做到听话。你担心和着急，但是他并不一定会因为你的着急而变得听话、不闹脾气。”

正所谓“关心则乱”，父母想要照顾好男孩，想要让男孩的成长畅通无阻，但是男孩接触的环境狭小，他们并不一定会理解父母。相反，有的时候父母越是脾气暴躁越是无法管制男孩。尝试不要太在意男孩在做什么，会有怎样的未来，给男孩一个轻松的成长空间，或许男孩能够更好地约束自己。

迫切希望摆脱家庭束缚

在这一时期的男孩，迫切希望自己能够“当家做主”，但是他的社会经验不足、没有一定的经济实力，他很难做到决策家里的所有事情。父母要能够给他独立的空间，更需要教会他怎样才能真正做到独立自强。

减少唠叨，点到为止

张浦16岁，儿童节到了，妈妈想给男孩过节。张浦说：“我已经长大了，怎么都不适合过儿童节了，而且我今天有大半天都要上补习班。”妈妈硬着头皮对张浦说：“要不咱们上外面吃一顿去？”张浦却说：“算了，要不这样，你让我好好玩一个晚上，你不要唠叨我，就当过节了？”

父母长期的唠叨很容易让男孩产生逆反心理，有的男孩夜不归宿、离家出走，更有的男孩想要自杀、杀人。这一时期，男孩对大小道理都会懂得一些，但是他们缺乏实践机会，父母的唠叨教育会让他觉得啰唆，这也让父母的教育很难起到作用。减少唠叨也是接近他们的开始。

信任男孩，不要试图压迫他们

鸿福入学到高中，他急切地希望能够住宿，这样一来他就可以摆脱父母的束缚。他的班主任不赞成学生们住校，觉得男孩们在宿舍里聊天影响学习。鸿福告诉父母，他很喜欢住校的生活，他们晚上还有“卧谈会”。他的父母觉得他长大了，可以照顾并约束自己了，就表示了同意。在后来的住宿学习中鸿福也确实表现不错，自己的事情全部自己解决，让父母觉得特别欣慰。

这个时期的男孩开始疏远父母，认为同龄人交往更重要，而且他们已经有能力自己处理生活上的琐事。信任男孩就需要提供他独立成长的空间，不要怀疑他们的能力。

做好让他们独立的准备

鹏赋初中的时候就在手机上设置了密码，到了高中，他更不喜欢父母管理他。他不让爸爸妈妈加他QQ好友，不让父母动他的书包，他和父母的交流只限制在饭桌上……

男孩在这一时期已经开始形成独立的价值观，他不喜欢处处听从父母安排，但是父母需要相信他们自己能够照顾好自己。做好让他们独立的准备，就是承认他们的成长，尊重他们的生活。

就事论事，不要任何事和学习联系起来

景山的手机坏了，妈妈答应景山给他换一个手机，定价为2000元左右的。景山却决定买价位在4000左右的手机。妈妈告诉他手机的价钱太贵也没有什么用，景山告诉妈妈自己正在青春期，应该享受生活。于是妈妈开始数落儿子之前买过什么样的手机，买过多少。买了手机也没对学习帮上忙，学习还是没起色，最后孩子摔门而出。

妈妈用物质奖励鼓励景山学习无可厚非，但是在给他置换手机一事上妈妈并没有做到就事论事。妈妈完全可以坚定自己的原则，只为男孩提供2000元用于购买手机，儿子如果不满意想要追求更高层次的物质享受，就让男孩自己想办法去赚钱。孩子作为受罚者的角度来讲，最厌恶父母翻旧账。可作为过来人的很多家长却不了解这个道理，训教孩子时总忘不了东扯西拉、横牵竖连，说出孩子的种种不是来，有的甚至将孩子说得一无是处，直至忘记了本次训教的主题。孩子想反正自己没有一处是对的，以前取得的成绩、改正的缺点家长都看不到，自感自己天生是挨训该罚的料，对改错失去了信心，也就破罐破摔、我行我素，这样的教育效果可想而知。所以，家长训教惩罚孩子务必要就事论事，也切勿什么都和学习联系起来。

求同存异，理解男孩

华清的父母并没有严格约束他的高中生活，他在高考前还参加了足球比赛。他为了球队不输球，用头球防卫，得了轻微脑震荡，第二天他还是坚持参加高考。高考结束后，他病倒一周，但是成绩优秀，到了大学之后，他积极参加学校社团活动并为自己制订学习计划。俊成从小到大家里管教非常严格，高中之后进入大学，父母不再管教，他开始沉迷网络游戏，大学领不了毕业证，待业家中。

华清和俊成是一个鲜明的对比，华清的父母没有像俊成的父母一样严格教育约束孩子，但是华清仍然可以做到严格要求自己；而俊成却无法做到在大学里自觉自律。因为“慈母出败儿，严父出败子”，父母严，孩子想要松，他们很难做到自律；父母松，孩子能够认同父母，他就更能严格要求自己。

没有谁天生优秀，也没有谁天生就是“扶不起的阿斗”。父母不要一味地要求男孩服从、听从，要适当地理解男孩。当与男孩意见不统一的时候，学会妥协、退让，不要让“强压”阻碍到男孩将来的发展。

想给自己贴上“男子汉”的标签

在男孩 16 岁之后，他们自己的男子汉意识加强，他们希望得到父母认同的意识也更加强烈，因此，父母应当做到以下几点。

分配他具体的事情，让他承担家庭责任

俊捷的父母准备在孩子学校附近租一套房子。在搬家前的打包工作中，俊捷一直没有主动帮忙，后来母亲为他安排了整理书籍的工作。俊捷说：“妈妈你帮我打包吧。”妈妈说：“这是属于你自己的事情，我们相信你可以做好。”俊捷马上挺了挺胸，表示自己已经是个男子汉了，肯定可以自己做好。

在这时期，男孩想要表现他男子汉的气概，他们迫切地渴望自由，渴望摆脱父母的束缚，但是他们不了解以自己的能力可以做些什么。同样的道理，要求男孩能够做好，但是并没有给予男孩“好”

的标准，这也会让男孩不知道怎样做才能让父母满意。这个时候，父母如果能技巧性地“示弱”，表示家庭需要孩子做些什么，相信孩子会很乐意承担起自己的责任。

让他规划未来

宇文和妈妈无意中聊起了上大学的专业和大学毕业后的职业问题。妈妈告诉男孩未来的职业可以分为和事物打交道的，和人打交道的。和事物打交道的主要是能够坐得住的技术、研究人员；和人打交道的主要是管理、营销方面。宇文说：“我既不喜欢和人打交道，又不喜欢和事物打交道。”

爸爸加入到讨论中，他告诉宇文可以好好读书，来扩充知识面和交际圈。妈妈说可以通过大学的学习，学会研究、分析，可以走研究生路线。可是宇文说：“我想找一个世外桃源。”妈妈告诉他，没有世外桃源，要根据社会的需要和自己的竞争力为自己选择一个自己喜欢的职业。

阳刚男孩所需要的就是一个统筹未来的能力，父母能够让他生下来但是不能保证他能自己活下来。授之以鱼不如授之以渔，父母不要过度参与策划男孩的未来。

不要限制他的生活

丰羽一上高中，他的父母就开始紧张，他们看到男孩偷偷玩手机、看到男孩没在学习心里就为男孩着急；看到丰羽和女同学在一起逛街就担心他早恋；看到丰羽某一科成绩下降了，就立刻为他报补习班……

在这个时期，有的男孩开始对异性关注，有的喜欢上某一方面的研究，有的开始抽烟喝酒。但是父母所关注的只有一点，那就是让孩子把所有的注意力都集中到备战高考上，父母和男孩的话题离不开学习，男孩越是想要玩父母的限制就越多。

从现实角度来看，高学位、高薪工作对男孩成长来说是有利的，但是如果父母不让男孩有自己的私人空间，不让男孩关注学习之外的事情，也很容易让男孩变得只会学习，不懂交际、不懂生活，他们可能刚到大学就变得颓废不堪，也可能还没到大学就失去了学习兴趣。培养一个出色的阳刚男孩需要成绩优秀更需要心智健全，不要让父母的逼迫毁掉男孩的一生。

第三章

父亲如何培养男孩的阳刚之气

父亲对于男孩的特殊意义在于，父亲身上的男性特质，比如果断、刚毅、坚强、有力量等，对男孩性格的形成至关重要。培养阳刚男孩，“父亲角色”不仅仅是一个人，也是一个符号，一种象征，象征力量、规则、权威。父亲言传身教，用自身作为男孩效仿的榜样、超越的目标，激发男孩成长的动力，用阳刚之气指引着男孩的未来。

父亲的使命

父亲在男孩成长的过程中，扮演着相当重要的作用。父亲的缺失会给男孩带来难以弥补的影响。男孩在摇篮时期缺少父爱，会变得情绪激烈、难以自控；男孩在青年时期缺乏父爱会很难规范行为，容易产生偏激的性格。作为男孩的父亲，如果不主动承担起教育孩子的责任，就很容易培养出一个缺乏阳刚之气、心智不够成熟、不能抗击压力的孩子。

父亲应当作到：关心关爱母亲；关注关怀男孩；陪伴男孩，帮助男孩建立自己的个性；帮助男孩在母亲情绪不稳定的时候，提供“庇护所”；帮助男孩认识自己的性别；教会男孩交际；让男孩感到安全；为男孩做好榜样等等。

很多男孩在父亲角色缺失的时候，不知道怎样成为一个真正的男人，更不会了解男性的使命和生理特征。在现在的很多家庭中，有的父亲因为工作或其他原因不能陪伴男孩成长，有的父亲自己还做不到不惧困难，这就让男孩很难在成长过程中，找到一个榜样。因此，作为家中大男子汉的父亲，想要教育出一个阳刚男孩，需要做到哪些呢?

做一个有底气、有力量、有担当的父亲

张国荣的成就和悲剧结局与其家庭影响很有关联。他的父亲张活海是一个优秀的生意人，但是不顾家，不承担家庭责任，而且喜欢“拈花惹草”，这严重影响了张国荣的童年生活。成年后张国荣虽然在事业上有所成功，但是他选择自杀也是因为心智不够健全。

父亲这个群体的性格叫作“担当”。这份担当，从组成家庭的那一刻就责无旁贷地落在肩上，作为“丈夫”，必须勇敢地挺起胸膛，对是否准备好担当家庭责任作出回答，而等他成为“父亲”，这份担当变得更沉重：意味着挑重担，意味着必须坚强，意味着要成为榜样，意味着全身心呵护。当然，这也意味着负重、压力大、脆弱，等等。这些，是一个健康向上的社会中作为“父亲”所必须具备的“禀赋”。

作为父亲，想要培养一个阳刚男孩首先要做一个有责任有担当的男子汉，为男孩做好榜样，不要让男孩因为缺乏父爱，而没有安全感。

做男孩的后盾

宏硕的父亲是一个相当细心的人。他在儿子出生以后，就安排起儿子方方面面的生活。为了给孩子营造一个充满父爱的生活环境，他承包了所有的家务。他事无巨细地关注男孩的成长，生怕男孩在成长中出现疏忽。但是宏硕却变得不敢担当、胆小怕事。

在中国，父亲被赋予的职责是“养家糊口”，他们相比母亲，更容易在社会上找到职位。他们没有女人心细，很难做到对孩子面面俱到的照顾。像宏硕的父亲一样，能够做到陪伴儿子成长的父亲很少。但是作为父亲不需要过度关注男孩的生活，这会让男孩没有机会做出决定、没有机会自我锻炼。父亲要在男孩成长的过程中逐渐放手，只要做好他坚实的后盾，在你的淳淳期待中，让男孩自然地经历成长的过程，让时间和经历去琢磨他的心智。

光耀在上高中后，父亲很少管教他，但是两个人经常会聊天。光耀告诉爸爸，他现在总是制订了计划但是实施起来很困难。比如，他本来计划做什么事情的时候，有的老师就会突然出现安排他一些计划之外的事情，每天的变数太大。他觉得自己每天很忙，但是却不了解自己在忙些什么。

他的爸爸说：“你这些都只是小事，你就是没有做好时间规划。现在我来帮你做一个21计划，你负责执行……”光耀的爸爸从来不“专权”，所以光耀愿意照爸爸的要求来执行。

男孩会逐渐长大，家长能够教给他的知识会越来越少，与其督促他去做，不如教给他方法。光耀的父亲能够做到让光耀听从自己的建议，就是因为他平时并没有强烈要求过光耀要做什么，必须完成什么。他尊重孩子在做的事情，只是在光耀困惑的时候给出建议，这样的建议才会有力度。

提供男孩和困难作斗争的机会

比尔·盖茨在 13 岁的时候就得到了父亲的许可拥有大量的独立机会。他的父亲放手让他独自和困难作斗争。比尔·盖茨为了充盈自己，经常通宵使用华盛顿大学的免费电脑，在华盛顿特区给国会打零工，还曾离校为一家电厂担任程序员。比尔非常渴望运用自己的知识创造价值，而他的父亲母亲都表示支持。

一个男孩，随着他的成长，他对社会的认知渴望肯定会超过此时的父辈。家长该怎么做？老盖茨如果阻止儿子去做他想做的事情，只是让他成为一名安分守己的学生，比尔也不会有如今的成就。父亲要让男孩有机会和他所遇到的困难作斗争，支持男孩比较合理的要求，这样才能培养孩子对于困难的担当能力。

致远参加了学校的手工制作大赛，他想用自己收集的冰糕棍做一艘轮船。但这件事远没有致远想象的那么简单。他将船体搭好了，却怎么也想不出来船头该怎么做。一时间他犯了愁，有时候写着作业他也会想这件事。爸爸一连几天看他学习心不在焉，感到有些生气。终于有一天，当爸爸再一次发现致远写作业走神了，他大吼道：“干什么呢！你要不就写作业，要不就别写！不好好学习，非要整什么模型，净瞎耽误工夫！”致远一听也不高兴了，他皱着眉，作业也写不下去了，模型也没心思做了，内心烦躁到了极点……

能够积极与困难进行斗争，也是一个人独立的重要表现。只不过，我们的男孩现在显然还没有学会“分身术”，一旦遭遇困难，他可能就会和致远一样，将困难与其他事情搅在一起，最终什么都做不好。

但致远爸爸的这种做法也是不可取的，他这样看似是在劝告，可事实上却是在打击男孩的自信心。其实，我们完全可以这样说：“我知道你做模型遇到问题了，不过我觉得你现在还是先集中精力写作业。之后，我可以考虑和你一起研究，或者你也可以让爸爸和你一起想一想。”这样一来，男孩就不会“身在曹营心在汉”了。

因此，要想让男孩学会与困难作斗争，我们靠吼是解决不了问题的。只有让男孩真正学会面对困难，我们才是真的帮助了他。

陪孩子去玩冒险游戏

泰河被妈妈看成是一个胆小怕事的男孩，妈妈非常担心他不能成为一个男子汉。但是在妈妈带他爬山的时候，妈妈不愿意让他另辟蹊径，总是担心他磕着碰着；泰河每次看到小虫子的时候都表现很兴奋，妈妈告诉他虫子咬人、虫子不卫生，不让他和虫子玩；泰河到农村的亲戚家里做客，亲戚家厕所不在房间内，晚上他不敢一个人上厕所，他的父母就在一旁陪伴他……

每个男孩想要成为阳刚男孩都需要面临各种各样的挑战，或许这些挑战对大人来说并不算什么，但是对男孩子来说需要自己来完成挑战，才能真正成长为男子汉。有些男孩之所以变得胆小怕事，就是因为家长在有形无形地束缚他们的发展。

对男孩来说，父母的说教没有他们亲身尝试更够说服力，如果父母阻止他去冒险尝试，他很可能偷偷采取行动。他们不会像女孩一样安静，他们也不大愿意接受帮助。家长与其让他们自己冒险，不妨在安全的前提下提供他们机会让他们去体验。

男孩的成长经历与他们的发展有密切的关系，家长鼓励他们去亲自经历一些冒险的游戏，才会让他们变得勇敢起来。

父亲需要怎么和男孩玩怎样的“冒险”游戏呢?

0~1 岁的冒险游戏

- 让男孩用手脚给爸爸的胡子做按摩。
- 让男孩站在爸爸的肚皮上跳动。
- 反复举起男孩，让他感受到站在爸爸肩膀上的感觉。
- 让男孩站在爸爸的脚背上，后背紧贴爸爸，随着爸爸的脚步一起走路。
- 让男孩把爸爸当作滑梯，鼓励他在爸爸身上滑动。
- 爸爸坐在椅子上，让男孩站在爸爸大腿上练习站立。
- 让男孩穿上方便运动的衣服，爸爸把游戏房间装扮成适合小孩活动的房间，并在他能够碰到的地方放上一些“宝藏”，让男孩自己在屋内寻宝。爸爸可以适当为男孩设立一些障碍阻止他顺利拿到“宝藏”。

1~2 岁的冒险游戏

- 在下小雨的时候，带着男孩打着雨伞看雨打地面的样子，带着男孩在雨中散步。

- 爸爸抱住男孩在自己身上转圈。
- 和男孩互踩影子。
- 和男孩一起玩短距离踢球。
- 男孩和母亲扮成母子“袋鼠”一起跳跃，爸爸扮作狗熊在面前晃动，扮出各种怪相引逗母子，母子笑了就算爸爸成功吃到“袋鼠”。

2~3 岁的冒险游戏

- 和男孩比赛跑步。
- 和男孩在树林里搜集各种形状的树叶，做成标本。
- 和男孩一起用镊子抓各种昆虫，并告诉男孩哪些昆虫是无害的。
- 和男孩一起练习走直线，走平衡木。
- 带男孩走入自然环境中，探索未知世界。
- 让男孩用枕头砸向父亲，看看爸爸是否能顺利躲过枕头的攻击。
- 让孩子充当牛，爸爸当斗牛士，让男孩撞向红布。
- 陪男孩玩蹦床游戏。
- 让男孩用手指做出手枪姿势，向爸爸开枪，爸爸应声装倒。
- 和男孩练习短距离投篮。

3~6 岁的冒险游戏

- 爸爸坐在可转动的椅子上，让男孩坐在爸爸的大腿上，爸爸随意转动椅子。

● 爸爸陪男孩一起翻跟斗。

● 爸爸扎好马步，让男孩把爸爸当作一座高山来爬，男孩抓到爸爸的脖子男孩获胜。在男孩“爬山”过程中爸爸可以给男孩做出各种阻挠动作。

● 爸爸妈妈站在男孩的左右，拉住男孩的双手，把男孩荡起来。如果爸爸妈妈的手臂力量不够，可以使用双手。

● 用废旧的饮料瓶做保龄球，爸爸陪男孩一起玩打保龄球游戏。

● 爸爸拿出工具刀，和男孩一起拆装玩具。

● 陪男孩一起走夜路，然后逐渐让他练习自己走。

6~12 岁的冒险游戏

● 带男孩到安全的游乐场玩冒险游戏。

● 带男孩爬树，和男孩一起做鸟屋。

● 带领男孩野营，告诉他如何搭帐篷、为自己包扎伤口。

● 带领男孩和陌生人说话。

● 让男孩在游戏中扮演“头”。

12~18 岁的冒险游戏

● 带男孩穿越网吧等不允许未成年接触的地方，不要让他认为这些场合是神秘莫测的地方，并趁机告诉男孩利害关系。

● 和男孩摔跤、掰手腕。

● 陪男孩滑冰、游泳、蹦极、爬山，教会男孩在冒险的时候怎样求生。

● 和男孩一起策划一个充满娱乐性质的晚会（可以是父亲的朋友聚会、男孩的班级聚会）。

● 节假日带男孩到陌生的领域探险，让男孩学会在野外生存。

● 为男孩编出难解的密码，让他尝试自己来解密。

● 和男孩一起做一些小制作，如自制滑板车、自制发电的灯泡。

● 教会男孩认识女性。当然，在做这个冒险游戏的时候要征求男孩母亲的同意，并保持良好自律精神。

● 男孩喜欢玩冒险游戏，因为他们不知道什么是冒险、冒险能够给他们带来怎样的危害，他们认为尝试这些冒险游戏就是展现勇敢的机会。男孩喜欢冒险，因为他们渴望变得强大，但是他们在生理和心理上都只是小孩子，他们希望得到激励，他们渴望冒险是他们成长的一个体现。作为父亲，要在帮助男孩形成安全意识的同时，教会男孩“探险”，让他了解到藏在冒险背后的是什么。

带男孩到游乐场等场合玩的时候，要给男孩穿着方便运动的衣服，以免男孩因为衣服不方便发生意外。

检查男孩要玩的运动设施是否安全，不要带男孩玩特别陈旧、有质量问题的游戏设备。

对于需要安全设备的游戏要让男孩做好武装。

在男孩游戏之前，确保男孩健康。

为男孩灌输安全理念，让他了解怎样才能避免受伤。

不要替男孩选择超出男孩年龄、身高、体质的游戏项目。

放手让男孩单独游戏的时候，要站在第一时间能够赶到男孩身边的地方。

不要带男孩到施工场地、未完全结冰的湖面等危险场合游戏。

在生活中磨练男孩坚强的性格

莫扎特是一个音乐天才，他凭着天赋和对音乐的极高领悟力在6岁的时候就和姐姐开始巡回演出。但是，他的性格却不够坚强，他天真、单纯、容易受到感动、爱掉眼泪。等到他成年以后，他还像女孩子一样柔情，像小孩一样童心未泯，当他没有了天才的光环、当他多次受到外人陷害的时候，他甚至不知道怎样生存。

诚然，现今男孩和女孩都要接受相同的教育过程，都需要通过高考走进大学、毕业后走向生活；在大的教育框架下，每个人都需要做到内修坚强意志，外修形象气质，才能面对生活中的各种艰难险阻。对男孩来说，这种坚强性格尤为重要。

为培养一个拥有阳刚之气的男孩，父亲应该怎样帮助男孩磨练坚强的性格呢?

对男孩不要照顾得过于细致周到

俊俊的爸爸在结婚前并不喜欢小孩，在有了俊俊后却对他倍加照顾。俊俊1岁零8个月后喜欢自己疯跑，爸爸因害怕俊俊跑多了腿疼非要抱着他，不让他跑；俊俊弄乱家里的摆设，奶奶想要限制他玩玩具，他就开始哭，于是爸爸当着他的面训斥奶奶；父亲限制俊俊在家以外居住，因为爸爸认为俊俊会不习惯；爸爸不让俊俊参加户外运动，因为害怕俊俊在家之外的环境中受到伤害；爸爸想要让俊俊4岁以后上幼儿园，因为害怕幼儿园对他照顾不周……

过细地照顾男孩会让男孩习惯依赖他人，让男孩变得没有主见，不愿意做任何他力所能及的事情。男孩不是温室里的花朵，男孩需要在每个年龄段都有所锻炼和成长，家长不能对他们过于宠溺。

尊重男孩成长，让男孩掌握自己的命运

很多父亲自己没有做到出人头地，就把所有的希望加给自己的男孩，在生活上对男孩百依百顺，在大的事情的抉择上却不让男孩自我选择，甚至一厢情愿地为男孩安排了他的成长路线。这种不尊重男孩的现象在中国遍地都是，家长认为自己经历了那么多磨难，现在的成长规划是自己的经验之选，可以让孩子少走弯路，却从没顾忌过孩子的感受。须知“父业子继”是中国人的传统理念，但是很少有一个家庭中父亲和儿子在同一领域都能有所成就。

周恩来的父亲为了生计四处奔波，同样可以培养出一个领袖儿

子。鲁迅祖父是清朝官员，他的父亲因为祖父在官场上“疏通贿赂”被拘留考场，险些送命于此，家庭因此财产短缺，由富裕变作困顿。到了鲁迅这一代，他弃医从文，在文学领域有所建树。鲁迅的儿子并没有从事文学创作，而是学习了无线电专业和摄影。

父亲不要限制男孩的成长，让男孩能够拥有自己的成长空间。男孩虽然不能了解到他能做到什么程度，但是只要父亲肯放权让他独自尝试，男孩总会找到适合自己的事业。

给男孩提供接触小伙伴的机会

昊苍是一个性格比较脆弱的男孩，不喜欢和其他的小朋友玩。有一次，昊苍的家里来了两个和他年纪相仿的姐姐，姐姐带来了一个最新的平板电脑，这个电脑游戏三个人玩才有意思，所以姐姐就缠着昊苍和她们玩，昊苍只好同意了。在三个人玩了一会之后，姐姐突然想要改变主意不让他玩，昊苍争抢不过来玩电脑的机会就哭了。

昊苍的性格懦弱是因为他没有伙伴，或者伙伴太过强势。心理学家表示，孩子的性格能够在日常生活中体现出来，让男孩经常接触伙伴是培养和塑造他性格的有效途径。对于性格偏于软弱的男孩，家长需要多提供机会让他们和性格开朗大方的伙伴经常在一起玩。

飞龙的父母为提供机会让飞龙接触小伙伴，就在他同学家长之间建立了一个互动小组。他们会与他们家境差不多的家庭经常举办一些活动，把孩子家长们组合起来，大家一起学习和玩。比如，有一次他们打算组织一个研究蚕的课题，让孩子们能够更进步了解学校的课程；他们还打算举办一些需要集体合作的活动，让他们交流感情，学会互帮互助。当然，这种活动并不会给孩子们带来压力，他们会给孩子们自由活动的时间，不会让他们只是学习知识。

通过和伙伴接触会让性格偏于软弱的男孩能够改善性情。父母在男孩和伙伴们一起玩耍的时候，尽量不要干涉，让他们能够拥有一个无拘束的自由空间。

让孩子学会自己生活

著名文学家朱自清说："要让孩子在正路上闯，不能老让他们像小鸡似的在老母鸡的翅膀底下，那是一辈子没出息的。"

一位中学生说："我一直相信妈妈是非常爱我的，她希望用自己的肩膀为我挡住所有的风雨，安排好每一步路。可是，在她每天为我忙忙碌碌的时候，她不知道，我所有的勇气和自信都丢失在这份特殊的关爱里了。"

一些家长对孩子百依百顺，不让孩子做任何事情，舒适、平静、安稳的生活，剥夺了孩子自我表现的机会；衣来伸手、饭来张口的生活方式，导致了孩子独立生活能力的萎缩。要培养孩子成为强者，父母首先要鼓励孩子做力所能及的事情，让孩子学会自己生活，把握自己。

生活善于自理的孩子是个坚强的人，在生活中，他会表现出坚强的一面，在面对挫折和困难时，他会用自己的能力去处理这些问题，不会无所适从。因此，父母要让孩子学会自己生活，让他自己去面对生活。譬如：夜间让孩子独立上厕所，自己到牛奶站取牛奶。经过这些锻炼，以后当父母暂时离开时，稍大一些的孩子能够自己待着而不害怕；当发生意外情况时，也能够不惊慌、不哭泣等。这些看起来是小事，但是对培养孩子坚强、勇敢的品质很有益处。

不要把孩子当成弱者

在公共汽车上，有人给一个 5 岁的小男孩让座。孩子的爸爸却对让座的人说："让他站着吧，他已经到了该自己站立的年龄了！"

想让孩子坚强，千万不要把孩子当成弱者来看待。只有让孩子自己去站立，他的双腿才会坚强，他的意志才会坚强。

著名科学家居里夫人很注意培养孩子的坚强性格。在第一次世界大战期间，居里夫人把大女儿带到战争前线救护伤员，让她在艰苦的环境中锻炼。1918 年，居里夫人又要两个女儿留在正遭到德军炮击的巴黎，并告诉孩子，在轰炸的时候不要躲到地窖里去发抖。这种把孩子当成强者的态度真的使居里夫人的孩子们成为了坚强的人。

当孩子在不断的训练下，做出一些比较胆大的事情，父母应该不断鼓励、称赞孩子，让孩子感受到勇敢的乐趣，觉得以前的胆小非常幼稚，让孩子从内心上勇敢起来，这样，孩子就会越来越胆大，越来越活泼。

放手让孩子去做

在传统教育中，中国的好孩子被定义为乖巧、听话。但是对欧美的国家来说，孩子的独立性的培养却是至关重要的，需要从小培养。

中国家长对孩子不肯放手，可能有以下两个原因：

担心孩子会闯祸。家长担心放手让孩子做的时候，孩子会闯下滔天大祸。

不相信孩子的能力。家长总是觉得孩子生活经验不足，无法把事情做到尽善尽美。

很多家长抱怨男孩脆弱、敏感、生存能力差，于是无时无刻不在关注着男孩，他们为男孩提供无微不至的照顾，让男孩生活无忧无虑，却从来不反思男孩要从什么地方才能够学习到生存的知识？从哪里才能获得良好的心态？鹰不断翅，不能学会飞翔，对男孩不放手，也很难让他学会生活。父母的包办实际上是剥夺了男孩独立的机会。

比如，男孩刚学走路的时候，如果家长总是害怕男孩摔跤，他就很难学会走路；男孩叠被子慢的时候，家长帮助男孩去叠；在男孩表达不清的时候，家长总是代替他说话，长此以往，男孩就会失去学习的信心。

丰茂的家庭一直都是很民主的，丰茂的理科成绩优秀，文科成绩一般,参加各项奥赛能够获奖,是个很优秀的男孩。他在家的时候，他的父亲想要和他聊天是需要“预约”的，丰茂定下和爸爸聊天的时间后，就可以自己去玩游戏、做作业、看书等等。父亲如果想要监督他做什么，丰茂就会提出反抗，而父亲也会尊重丰茂的意见。到了约定的时间，丰茂会主动找到爸爸，和爸爸聊天、谈心。爸爸也能够了解到他最近有什么样的烦心事，需要怎样的帮助。

实际上，放手，并不是要家长完全放开对男孩的管教。放手，是找到合适的机会让男孩学会他每个年龄段应该做的事情。教育男孩，到底怎么放手才能放心？

让孩子去做感兴趣的事

成益小学四年级，求知欲比较旺盛，爱好广泛，爸爸提供机会让他学习，但是并不在意他是否能够考级。他觉得儿子学会什么是他的事情，并不是爸爸的成就。爸爸只是需要给孩子创造机会，让他多尝试，进而找到能让孩子快乐的事情。

实际上，男孩在小的时候生活多姿多彩，他们对很多事物都充满了好奇。他们可能在户外运动的时候东跑西窜，也可以对着虫子沙子玩上一整天。他们不知道自己的好奇心能够给他们带来怎样的好处，也并不了解各种补习班能够让他变得多么优秀，多么给父母“增光”。他们只是觉得快乐，有成就感，于是他们乐此不疲。生命难以逆转，童年仅此几年，家长不要为了让男孩成为怎样的人而让男孩失去快乐、失去感受自己成就的时期。还原他们一个自由成长的空间，才会让他们毫无遗憾地成长。

教会男孩自己做的方法

安和想要爸爸帮他做玩具，爸爸说：“我做的玩具怎么能锻炼你的动手能力呢？”于是安和就自己开始做玩具。他按照手工书一步步着手做着他的恐龙手工作品。过了好久，孩子终于带着自己做的“变异恐龙”来找爸爸了，孩子的眼中闪烁着自豪，爸爸对这只恐龙表示了高度的赞赏。从此，手工课作业孩子都特别乐意自己做，更乐意向父母展示自己的成果了。

家长在男孩有动手能力的时候，就不要再代替他完成他自己能够完成的事情。要明确地告诉他，他在家里的职责是什么。如果男孩以“不会”为理由拒绝自己动手，父亲就多教他几次。授之以鱼不如授之于渔，教会他方法比帮他完成更有意义。

激发男孩的好奇心、好胜心

吴铭是一个大家庭中最小的孩子，才3岁半。这一家子人人喜欢读书，桌上、椅子上、床上到处都放着书。可是突然有一天，吴铭略带几分挑衅地说："我会读书了。"虽然他明知自己不会读书，也明知家里人都知道他不会读书，但他突如其来地宣布会读书了，这正是他好胜心、自信心的天然流露，是极其可贵的心理品质。这时成人如能因势利导地鼓励说："那当然啰，吴铭是聪明能干的，是会读书的。"渐渐地，孩子自然就喜欢识字读书了。

不论是成人还是儿童，学习活动中最有价值的成分都是主体的主动性和积极性。因为人都是靠自身的心理力量来启动热情、锻炼意志、发展智力、获取知识的。一切外来的压力也好，诱导也好，都必须通过主体的"内驱力"才能起作用。任何人不能替代他人学习和发展，替代他人思考和记忆。这是尽人皆知的规律，尽人皆有的体会。

那么男孩学习的内驱力是什么呢？他们还谈不上崇高理想、远大目标、坚强意志、高尚志趣、形势压力等等，他们的主动性和积极性完全来自由好奇心发展起来的求趣心，由喜欢表扬而发展起来的好胜心。这两者是男孩参与学习活动的"双桨"，他们为获得爱、鼓励、夸奖和快乐而活动，并且百玩不厌，这种"玩"如果赋予了教育内容就是"学习"。相反，假如不能满足孩子的求趣心和好胜心，他们将毫不留情地拒绝一切学习；即使是玩，也是无聊的游荡，常常发展为吵闹和折腾。

让男孩自己设立目标、计划

许多孩子都有早晨起床找不到袜子、学习用品或者生活用品的现象，这便是做事缺乏计划性和条理性的坏习惯。做事情缺乏条理、没有计划是儿童时期的一种自然反应，但是，如果父母不注意引导，孩子们往往会养成不良的习惯，从而给一生带来麻烦。

爸爸发现孩子在学习弹琴的时候总是没有计划，刚想弹琴，不一会又去看动画片了。有一天，爸爸对孩子说："你每天得弹半小时的钢琴，刚回家的时候弹也行，吃完晚饭弹也行，但是，弹的时候你不能半途而废，一定要弹足半小时。"孩子考虑了一下，因为晚饭前有一个他喜欢看的动画片要播放，于是他选择了吃完晚饭再弹。结果，他确定自己的计划后，居然一直执行得非常好。

做事没有计划、没有条理的人，无论从事哪一行都不可能取得成绩。事实上，做事有计划对于一个人来说，不仅是一种做事的习惯，更重要的是反映了他的做事态度，是能否取得成就的重要因素。对于孩子来说，做事有计划同样是非常重要的。

德国人非常注意做事的计划性。在子女教育问题上，他们就经常告诉孩子做事要讲究计划。如果一个孩子对爸爸说："爸爸，我周末想去郊游。"他的爸爸不会直接说"好"或者"不好"。他会问孩子："你的计划呢？你想跟谁一起去？到什么地方去？怎么去？要带什么东西去？"如果孩子说："我还没想好。"爸爸就会对他说："没想好的事情就不要说。如果你要去，就要先做计划。"因此，德国孩子做事一般都比较严谨，做事之前往往会有周密的计划。

当孩子提出某项请求时，父母可以问孩子："你的计划呢？"当你的孩子逐步习惯了在行动之前做计划后，他就会养成先计划后办事的好习惯。作为父母，你可以耐心地与孩子讨论他的计划，并使计划趋于可行，那么，孩子也就无形中养成了良好的习惯。

不要让男孩模仿你的坏习惯

父母是男孩的第一任老师，是男孩模仿和学习的对象，很多时候，父母的言行举止，都会潜移默化地影响到男孩。

● 对男孩大手大脚。家庭并不富裕，但是对男孩出手大方，这样会让男孩不知节俭，不懂付出，更重要的是不能让他形成理财观念。

● 不懂礼貌。家长习惯性骂人，经常在男孩面前口出脏字。这样会让男孩也变成没有礼貌的人。

● 带男孩看成人电视。家长为了照顾男孩也能得到休息，就在家里播放不适合小孩观看的成人剧，会让男孩产生错误的认知。

● 带着男孩玩电脑。家长喜欢网络游戏，孩子也很早就开始玩游戏。但是电脑辐射对男孩的成长发育是非常不利的，让男孩过早接触电脑游戏也会容易让他沉迷游戏，不能自拔。

● 在男孩面前发牢骚。小孩不是大人的救世主，家长在遇到困难的时候需要自己去解决，必要的时候可以用自己的故事给男孩讲道理，但是在男孩面前发牢骚则会把负面情绪传染到他，让他变得抑郁沉闷。

● 说谎。有时候大人不会意识到自己在说谎，有时候大人早已习惯用说谎来保护自己。但是对孩子来说，他们需要了解到诚实的重要性，这样才不会轻易误入歧途。家长想要教导出诚实的男孩，自己首先要做到诚实。

● 做事拖拉。家长没有时间观念、做事拖拖拉拉，不守时、迟到。这样很难让男孩了解到时间的重要性，也很难让他们养成守时的好习惯。

● 不遵守交通规则。家长习惯性闯红绿灯，是因为家长“熟悉”怎样过马路能够躲避车辆。但是对于小孩他们很难做到保障安全。

● 宅在家。很多父亲本身就是宅男，让他们经常和男孩接触就会让男孩也变得宅、变得不爱运动。这样也很难培养一个体质健全的阳刚男孩。

● 不能控制脾气。父亲过于情绪化，不能控制情绪，总在男孩面前爆发。这会给男孩带来很大的心理负担，会增加男孩的恐惧感，也会让男孩变得暴躁。

男孩在成长中常常需要模仿父亲，他们需要克服恋母情结，完成人格的塑造。所以，作为父亲，就要做好自己的榜样作用，承担起照顾男孩的责任。

科学研究表明，有将近一半的大学生认为父亲对自己的兴趣爱好、对自己的选择人生轨道有重要影响。60% 的男大学生认为父亲能够帮助他们树立坚强的性格；三分之一的大学生认为父亲的一言一行影响他们的成长，他们就是父亲的翻版。

父亲在男孩成长的不同的阶段需要承担的责任也是不相同的：

0~6 岁：父亲要及时介入母子之间，让家庭成员的关系做到“三足鼎立”。要让男孩意识到并不是他可以专享母爱。这时候父亲要尽量改正婚前的各种小毛病，让男孩意识到爸爸是一个优秀值得模仿的男人。

7~13 岁：父亲要经常参与和男孩的互动，教会男孩处理生活上的小困难，帮助男孩纠正小缺点。

14~18 岁：父亲要做好男孩的引导者，尽量不要干涉男孩的生活、学习，让男孩拥有更多的独立机会。

用父亲的力量让儿子懂得感恩

很多人缺乏感恩之心，变得冷漠自私；很多孩子认为让自己过上舒适生活是父母的责任，不需要予以回报；有些家长自己不尊敬父母，也不教导孩子感恩，但希望自己能够老有所依，得到孩子的照顾。

所谓“种瓜得瓜，种豆得豆”，作为父亲，在教育子女的过程中，一定要能够做到把自己的眼光放长远，从小事做起，培养男孩的感恩之心。

培养男孩的感恩之心可以从以下几方面做起。

及时给他灌输感恩理念

孩子和妈妈吵架了，这孩子转身向外面跑，气愤的母亲说：“出去就不要回来！”他流着泪在街上漫无目的地走了许久，天就快黑了，渐渐平静下来的他才感觉到肚子饿了。正巧，前面就有一个面摊，冒着热气的汤面对饥饿的孩子来说，实在太具有诱惑力了，可是他摸了摸口袋，没有半毛钱。面摊的老板却不要钱请他吃了一碗面。孩子哭着说："阿姨，我妈妈要是像你一样就好了。你不认识我，却对我这么好，我没带钱，你还请我吃面；可是我妈，她和我吵架，竟然把我赶出来，还叫我不要再回去！"

阿姨听了，说道："孩子，你怎么会这么想呢？你想想看，我只不过给了你一碗面，你就这么感激我，可是你妈妈养了你十多年，每天为你洗衣做饭，你怎么不感激她？竟然还和她吵架？"孩子愣住了，他急忙放下筷子往家里的方向跑去。

孩子的感知能力是有限的，家人要为他们做出指导。如在过节放假的时候，告诉男孩为什么要放假，在过年过节的时候，告诉男孩为什么要看望自己的父母，在丰衣足食的时候，告诉怎样才能拥有这样的生活。不要让男孩认为享受是理所当然的事情。

为男孩做出表率

想要让男孩懂得感恩，就一定要自己先做到感恩，就要以身作则，让男孩能够发自内心折服。父母要从自身做起，利用一切可以利用的契机对孩子进行教育，如妈妈帮爸爸做事时，爸爸要大声地对妈妈说"谢谢"。妈妈接受爸爸的帮助，也要说一声："谢谢"。爸爸送给孩子礼物时，要告诉他这件礼物是爸爸给你的，你要感谢爸爸；这本书是哥哥姐姐送你的，你要谢谢哥哥姐姐。在这种氛围中，孩子耳濡目染，渐渐接受这种最基本的礼仪，也学会向父母道谢，将感恩内化于人格之中。

不要对男孩有求必应

不要对男孩有求必应，否则会让男孩认为一切理所当然，他也就很难感谢父母的恩德。在男孩需要某些东西的时候，不要轻易答应他，要让他知道东西来之不易。

很多家长为了不让男孩为家庭生计担忧，就常常在男孩面前掩饰家庭困难、不暴露自己的工作艰辛。实际上，男孩作为家庭的一分子，作为将来需要自立门户的男子汉，有必要了解父母的艰辛。这样能够让男孩从小了解学业和职业的关系，也能让他从小理解生活。

给男孩回报的机会

家长常说，树欲静而风不止，子欲孝而亲不在，但是却常常忽视与男孩和老人共处的时间。教会男孩感恩，不仅要做好榜样作用，还要给男孩回报的机会。可以让男孩帮助家长做力所能及的事情，也可以让男孩参与到家务中，不要让男孩空存感恩之心，不给他行动的机会。

鼓励孩子在群体活动中提高领导力

领导力有各种各样的形式，对男孩来说，领导力就是让小伙伴们心甘情愿跟随，帮助他实现目标。一般来说，拥有领导力的人还具有以下品质：

责任感。

独立思想、行动力。

喜欢掌管他人活动。

能够和不同性格的人保持良好联系。

实现既定目标。

有决策力。

拥有某项自给自足的技能。

能够通过努力取得成果。

对他人顾虑和需求敏感。

有良好的沟通技巧。

有研究认为，男孩在群体活动中所表现的领导才能，比智力或学业成绩更能准确地预测他们未来的成就。发现和培养男孩的领导才能，可以促进他们社会交往能力的发展，丰富他们积极的情绪体验，并使他们的分析、创造、语言表达等综合能力得到锻炼和发展，对男孩的个性塑造与培养也有很大帮助。

但是，与成人不同的是，男孩的领导才能并非由权力因素决定，而是更强调男孩与同伴之间的有效合作和交往，强调男孩在群体活动中的情绪体验。因此，作为家长，我们也不必刻意强求孩子在群体中独树一帜的地位。只要孩子在集体中适当地发挥出自己的个性与才能，充分地体验到融洽的活动氛围，快乐地与同伴一起分享群体成就，就已经收获满满了。

而积极参加学校的运动是培养男孩领导力的最佳途径，男孩只有敢于在众人面前说话、敢于表现，他才能够做到独当一面。那么如何才能让男孩积极主动加入学校活动呢？

鼓励男孩去“幻想”

锐思 3 岁的时候观看了斗牛士表演后，他对父母说“我长大要做斗牛士”；4 岁的时候他看了奥特曼动画，他对父母说“我要做超人”;5 岁的时候，他观看了航天火箭起飞仪式，他对爸爸妈妈说“我要成为宇航员”。爸爸妈妈听惯了他的豪言壮语，认为他长大很可能一事无成，于是总是打击他：“你长大什么也做不了，你还是好好学习吧。”

领导者才能的第一特性就是能够幻想，敢于幻想。如果男孩想都不敢想，就只能服从命令，做乖巧的小绵羊。当男孩说出自己的梦想时，家长不要因为他不切实际讽刺男孩，而让男孩停止幻想。男孩在逐渐成长之后，自然而然会了解到怎样脚踏实地实现他们的梦想。

鼓励男孩表现自己

玉轩新学期开学，老师在班级里选择班长。他的爸爸妈妈知道后，就鼓励他积极回答问题，引起老师的注意，让老师、同学对他产生好感。没过几天，玉轩就因为各方面表现优秀，被安排在班级里担任班长一职。

学校是男孩成长的小社会，让他们学会在学校里担任领导者，是培养他们领导才能的第二步。因此，在男孩想要成为班级领袖的时候，家长一定要鼓励他们，不要认为当领导者就是耽误学习。

鼓励男孩参加公众活动

老师鼓励学生当学生干部,元良想当劳动委员。妈妈对他说:“劳动委员就是打扫卫生，太辛苦了。”他又想当体育委员，妈妈说:“体育委员要负责拿运动器材,磕着碰着怎么办?”妈妈希望元良学习好、身体好，不要参加任何集体活动。元良只好常常形单影只，更不用说有号召力。

阳泽的母亲则要求他要积极参加学校、社区的活动。他从小就学会了与人交往。他刚上小学就成为学校的小干部。他把自己的理想确定为做一名出色的外交官。

给男孩提供机会，让他在擅长的领域成为领导者，有助于帮助他树立信心，更能够帮助他增加和人打交道的经验和能力。因此，家长应当鼓励男孩参加运动队、参加校内外的各项社区活动，让他们融入集体生活中。

各阶段男孩培养领导力的方法

2~5 岁：让男孩控制欲望，不要让男孩轻易得到满足。让他学会认知他人面部表情，学会和他人做简单的沟通。

6~11 岁：让男孩参加学校活动，如演讲、组织班会等等。鼓励男孩成为班级干部。

12~14 岁：鼓励男孩设立目标，鼓励他正确评估自己，管理学校、社区小团队。

15~18 岁：鼓励男孩做义工、当志愿者，鼓励男孩把团队任务交给同伴，学会派遣。

没有天生的领导者，也没有天生的被管理者。优秀的领导才能都是后天造就的。父母要做好男孩的第一老师，在男孩成长的过程中逐步培养男孩领导者的内在品质。

重视男孩的体育爱好

在美国，凡是有孩子的家庭，几乎家家在星期六、星期日都安排得“满满当当”的。达西家有 4 个孩子。她的几个孩子都是从三岁开始就参加体操训练。那么小的年龄，当然也学不到什么，无非是学学翻个筋斗，举举手，弯弯腰什么的。有时干脆就让孩子在大蹦床上一个劲儿地跳。当孩子长到四五岁时，足球训练又开始了。在这个年龄段，在不同的季节，还有垒球、游泳、篮球。一年四季，春、夏、秋、冬，每一个运动季节，每个孩子都一定参加一项或两项运动。

大多数美国人的家庭，重视孩子的体育爱好和发展，并不以培养运动明星为目的。孩子参加各种体育运动，对他们的性格、身体、智力、协调能力、自尊心等等，都有好处，受益终身。他们对孩子的体育运动的培育，反映了美国社会的一种普遍的价值取向心态：人们以强健为美，崇尚强健的体魄。

男孩阳刚之气的一个重要表现就在于他是否对体育项目感兴

趣，很多男孩不能养成运动的习惯和他们所接触的家庭、学校环境息息相关。父母和学校如果不能重视培养男孩体育素质，男孩也很难做到主动锻炼。在应试教育的大环境下，很多男孩身体羸弱、缺乏锻炼，家长更需要为男孩培养一项拿得出手的体育项目。

很多家长并不重视培养男孩的身体素质，也不关心男孩是否能够拥有一项拿得出手的体育项目，他们认为这是“没用”的，也是浪费时间的。实际上，体育项目所能带给男孩的不仅仅是强壮的体魄，还能教会男孩遵守规则、公平竞争、团结合作、挑战困难、忍耐等等。从智力上讲，体育对男孩的智力发展、对神经系统生长也有重要作用，通过走、跑、跳、钻、爬、攀等活动方式，能够促进孩子思维、视觉、听觉等协调发展。在国外的体育课上，每个学生都会积极主动参与同学和老师间的互动。父亲作为家庭中的头号男子汉，应当了解体育运动对男孩的益处。

提升身高的运动

少年时期是男孩长身体的时候，经常参加体育锻炼可以改善人体血液循环，增强身体对营养物质的吸收。医学专家调查显示，同龄和同性别的少年相比，经常参加体育运动的儿童比不爱运动的儿童身高高出 4~8 厘米。这些运动有单杠、弹跳、游泳、吊环、自由体操、打篮球和引体向上。

改善男孩性格的运动

体育运动的另一个好处就是能够帮助男孩融入集体生活，帮助他们学会与人交往，帮助他们改善人际关系。一些需要团体合作的运动能够让性格偏于内向、不大合群的男生很快融入集体活动中。父亲最好在男孩可以独自行走的时候，就带领男孩来接触这些运动：如足球、篮球、排球、接力跑、拔河。

培养男孩信心、勇气的运动

如果您的孩子胆量小、缺乏信心，就帮助他来尝试这些需要克服胆怯心理的运动吧：游泳、滑冰、摔跤、跳马……

增强男孩敏捷力、判断力的运动

很多男孩处理问题的时候犹豫不决，缺乏判断力，行动不够敏捷。这时候父亲可以和他们一同参与乒乓球、羽毛球、跳高、击剑、跳远等运动。参与这些运动需要及时判断、果断作出决定，男孩可以在强身健体的同时养成果断的性格。

带动男孩参与运动的好办法

用小技巧“引诱”男孩。孩子再顽皮也只是孩子，父母想要男孩参与到运动中没有必要对他们威逼力慑，只需要对他们进行小小的引诱，并让他们在运动中找到他们的乐趣。作为父亲可以穿上亲子装，可以表现对游戏很感兴趣，可以找出摄像机对他进行“采访”“拍摄”，让他感觉运动也是一种游戏，他们便不会拒绝。

变换运动器材的花样。男孩对运动器材的颜色、形状、质量也有他们自己敏锐的判断力，家长可以试图给他们提供比较新颖（不一定是贵）的运动器材，让他们对运动产生兴趣。

为他们找来玩伴。很多男孩无法坚持一项运动的原因在于他们自己坚持没有动力。父亲可以常常陪伴他们，父亲也可以叫来男孩和自己的朋友一起运动。

营造一种运动氛围。家长可以在安排男孩运动前，为男孩准备好补充能力的糕点、准备好休闲时需要听的音乐，准备好出行需要的各种装备，让男孩觉得运动是一个庄重的事情、愉快的事情。

为男孩找一个偶像。父亲可以为男孩收集各种新闻信息，让男孩寻找一个偶像，让男孩先对偶像感兴趣，再鼓励他给偶像写信，发电子邮件，让偶像成为他运动的动力。

男孩需要在运动中找到真正的快乐，才能够自觉自愿地参与运动，而父亲就是男孩参与运动的最佳引领者。

第四章

母亲如何培养男孩的阳刚之气

今天的男孩身上所缺乏的男子汉的阳刚气质，不仅是他们的妈妈渴望看到的，也是他们未来的妻子所渴求的。对于他们自己，这种男子汉的气质，也是今后面对生活、战胜生活的无价之宝。

男孩们的妈妈能够把幼稚柔弱、乳臭未干的毛头孩子培养成坚毅自信、铮铮铁骨的男子汉，无疑是为家庭、国家缔造了未来的希望。

爱让男孩充满自信

宏宏因为到处乱跑摔倒了。

妈妈很担心他，对他大吼大叫："看你下次还乱跑不！你要是被车撞了，我看你怎么办！"

宏宏说："妈妈，你能不能不这么大声啊，你在生气吗？我都摔破了，你为什么不但不安慰我，还这么大声责备我啊？"

妈妈感觉儿子说得有道理，赶紧停住了指责，把宏宏紧紧抱在怀里。

什么是母爱？母爱不仅仅表现在对孩子无微不至的关照，还需要让孩子能够真真切切感受到。

宏宏的妈妈是爱宏宏的，她因为担心而对他大吼大叫。但是宏宏觉得，责骂、吼叫是对他的惩戒，是不够关心和爱护的表现。这时，他需要包容式的爱，才有安全感。

男孩往往心思不够细腻，在受到父母责骂的时候，不一定立刻就觉得很难受，但他们会觉得："父母并不信任我，不爱我。我什么都不会，就只会闯祸。"他们有了这样的想法，就会越来越自卑，越来越不相信父母、不信任自己。

自信是成功的条件之一。一个人缺乏自信，就很难出色完成一件事。因此，培养男孩的自信非常重要。

那么，怎样很好地表达母爱，让男孩树立自信呢？这需要妈妈在男孩成长的各个阶段做到"有区别地去爱"。

0~1 岁：信任男孩

来看这个例子：男孩 3 个月的时候，妈妈因为要处理工作上的事情无暇照顾他。每次，当男孩醒来的时候，妈妈都正在忙着应对工作上的事情。时间一长，妈妈发现男孩越来越急躁，特别爱哭。

信任，是这个时期男孩最需要的。妈妈要经常亲吻、拥抱自己的男孩，不要让他单独待在婴儿车上。当男孩需要妈妈的时候，妈妈要及时作出回应。妈妈要对男孩经常微笑，让婴儿感受到妈妈的关注。

在这个阶段，男孩刚刚接触一个新的世界。妈妈应当给予他足够的保护，让男孩感觉到这个世界是安全且充满爱意的，他对这个世界是有价值的。这是建立他自信的基础。

2~3 岁：给男孩自由和独立的机会

在这个阶段，男孩逐渐有了自我意识，他们会说话、会行走，要求自己去探索。他们不再需要父母过多的干预。

下面的这位妈妈就是过多干预了男孩的行为。

男孩 2 岁多，每次出门，妈妈都害怕他摔倒，要抱着他。妈妈限制他玩沙子，害怕他把手弄脏，害怕让他自己走路，害怕他摔倒……

这个时候，父母应当适量让男孩做自己想做的事情。能做的，放手让孩子去做。不会做的，父母可以给他做示范，给他尝试的机会。不要一味地否定男孩，要让男孩接触他想要接触的，并给他提供帮助。男孩只有拥有了更多的自由和独立探索这个世界的机会，才能对自己充满自信。

4~5 岁：男孩需要鼓励和支持

斌斌 5 岁，在幼儿园里，老师觉得他求知欲很强，做事非常有信心。这缘于斌斌的妈妈对他很有耐心。不管斌斌问出什么样的问题，妈妈都会想办法或者帮助他解答。

在这个时期，妈妈一定要尽量满足男孩的好奇心，多鼓励、多支持，让男孩能够在成长、学习的过程中增强自信。

6~12 岁：妈妈要主动和男孩交流

男孩到了这个年龄就会减少和妈妈说话，因为这时候的男孩容易出现思想叛逆。妈妈想像以前一样对待男孩，但男孩想要自己来掌控他的生活。

在这个时期，男孩交往的对象更多地转向同学和老师。妈妈可以适时放手，让男孩学着自己去做决定。如果妈妈发现男孩不够自信，可以和他的老师联系，让老师经常关注、鼓励他。也可以经常联系他的同学，从侧面来观察男孩需要哪方面的帮助。

13~18 岁：不要让男孩缺少父教

在这一时期，男孩独立意识变得更加强烈。他们不想被当作小孩，他们希望自己做决策。父母害怕男孩闯祸，但也必须试着让男孩做自己想要的事情。

此时，母亲应当独立起来，不要过于依赖男孩；母亲要放手让男孩自我决定，做他想做的事情。同时，让父亲参与教育男孩，让男孩拥有更多父爱，让父亲的教育起作用。

母子交心时，请把男孩当男子汉

一项有 20807 名中小学生参加的调查显示，只有三成小学生把父母作为倾诉对象，两成中学生愿意把心里话说给父母。这两成中学生中，只有不到两成的中学生把父母作为首选倾诉对象。可见，在倾诉心声方面，父母并不很受孩子的认可。

为什么孩子不愿意向父母倾诉?

一个重要的原因是，父母过于关注孩子学习，忽视和孩子进行“心灵沟通”。

明旭上学以后，妈妈最关心他的学习。他发现，不管妈妈在聊什么，一定会绕到学习这一话题之上，而对他其他的事情漠不关心。慢慢地，明旭也十分知趣，不再和父母聊学习之外的事情。

调查显示，超过半数的中小学生想对父母提建议，希望通过和父母聊天了解到像“如何进行人际交往”“怎样面对他们不可预知的未来”“身体是怎么发育的”“怎样去调节自己的情绪”等诸多问题。

但是，近九成的父母表示，他们最想听到孩子在学习上的心得或困惑。这样，怎样让孩子真正向父母打开心扉呢？

男孩不喜欢和父母交流，还有这些原因：

男孩随着独立性增强，希望有自己的秘密。随着心智的成长和知识面的扩充，男孩的观念和父母逐渐产生分歧，他们更希望从同龄者身上找到共鸣，他们开始逃避和父母之间的交流。

父母对男孩缺乏信任。很多妈妈害怕孩子不在身边的时候不按照“规矩”办事，总是通过调查孩子的日记、博客、通话记录等来让孩子说出实话。妈妈认为，作为男孩的父母，有权利了解男孩的一切，但是男孩就极有可能认为这是父母不信任他们。这会让男孩越来越不敢和父母交心。

妈妈不懂如何与孩子沟通。有些父母太唠叨，有些父母说话伤人，有些父母喜欢把自己的孩子和其他孩子相比……无论父母怎样苦口婆心想要和孩子交流，总是无法走入孩子的内心。

想要了解男孩在想什么，和男孩顺利地沟通，就先要纠正与男孩说话的态度。不要总是把男孩当作长不大的小孩子，要信任男孩，平视男孩，把男孩当小男子汉来看待。

作为妈妈，回忆一下，以下这些男孩讨厌的话，你说过哪些？

- “多危险啊，你万一受伤了怎么办，你不能这么做了……”——担忧、讲大道理。
- “你怎么这么笨？谁谁都比你好。”——指责、攀比。
- “你早上要先洗脸、刷牙，中午要……”——反复叮嘱、唠叨、不信任。

- “你看看你都干了什么，我真希望没你这个儿子！你太笨了，你怎么总不听话？”——批评、打击、抱怨。
- “哦，知道了。”“别说了，我都知道。”——制止、打断孩子的诉说，忽视孩子想和父母讨论问题的心声。
- “这没什么，你为什么要郁闷呢？你太小题大做了。”——否定他的感受。
- “我觉得你应该这么做。”——喜欢给建议。
- “你应当理解其他小朋友，他并没有想要欺负你。”——偏袒对方。
- “你还真有本事啊，好像就你会这个。”——讽刺、挖苦。
- “等你爸回来我就让他好好收拾你。”——威胁。

如果妈妈能够换位思考，就很容易理解孩子听到这些话后是怎样的心情——孩子会觉得厌恶、不耐烦、愤怒、不自信，觉得自己和父母有代沟，不愿意和父母交流。

作为男孩原来最离不开、最信任的人，妈妈应该怎样和男孩说话，才能顺利有效沟通呢？

认真听男孩到底在说什么

对于在男孩身上发生的事情，不要过早地下结论、批评指责、讲道理、讽刺挖苦，要学会倾听孩子怎么说——让他去描述他怎么看待这件事，让他去分析这件事对他有什么影响，让他说出怎么去解决问题。在孩子叙述某件事情的时候，不要对他不理不睬，要放下手中忙碌的事情，看着他的眼睛，看他的表情是愤怒还是高兴。如果他想和你说话的时候，你正好特别忙，你可以对他说："妈妈正在忙，一会我们再来谈谈。"任何时候都不要敷衍孩子。倾听，是母子交流的第一步。

简化你的语言，纠正你的态度

就算你很想给孩子建议，也要尽量简化语言。比如，你想让孩子按时吃饭睡觉，你可以每天在固定的时间提示他：

"吃饭。"

"睡觉。"

"看看现在几点了。"

"你觉得你现在应该做什么？"

说出重点，不要唠叨，这样能让你说出的话有力度。

也可以给男孩写便条。孩子上课又不注意听讲了，学习功课又下降了，你可以在他的书包里留下纸条，如：

"要努力听讲。"

"我会在放学检查你的功课。"

"如果你做不到某项要求，你将会被扣除一天的零花钱。"

"我觉得你应该向XX道歉。"

与男孩沟通，要注意纠正自己的语气和态度。

● 不起床

不要说："都几点了，还不起床？"

要说："现在是6:00，你该起床了。我们不会再叫你。"

● 迷恋电视

不要说："看什么看，眼睛都让你看瞎了。"

要说："我觉得我们有必要调整下看电视的时间。"

● 他不告诉你他要外出

不要说："别出去了，外面危险。"

要说："告诉我们你几点回来，去哪儿，好让我们放心。"

● 顶嘴

不要说："不许你顶嘴，闭嘴。"

要说："我们来讨论下，怎么处理这件事。"

● 功课不努力

不要说："你怎么这样没出息。"

要说："你有什么困难，我可以帮助你。"

● 不做家务

不要说："就是我们惯得你这么懒。"

要说："我有点累，给我帮帮忙吧。"

● 要零花钱

不要说："你要多少？"或："不是上次给你了吗，又花完了？"

要说："你要钱做什么用？"或："你打算怎么节省开支？"

以身作则，把孩子当朋友

一千句话不如一个行动。父母的行为对孩子的影响是潜移默化的，父母做不到的时候不要去要求孩子。比如，妈妈整天骂人、颐指气使，却告诉孩子骂人是不好的，要讲文明，孩子很难信服。

不要总想去改变、命令、指挥或威胁，把他当作朋友，不对他过多地干涉。要就事论事、心平气和地交谈。

不要总是希望孩子说他的故事，也要适当向孩子发发牢骚，和他一起讨论你们所遇到的麻烦，让孩子帮助你来解决问题。虚心听从孩子的建议，也会让孩子能够听从你的建议。

不要总控制孩子，要让孩子有机会独处，尊重孩子的隐私。当他们愿意和父母交流的时候，他们会告诉父母他们的秘密。

没有交流沟通的家庭会让孩子拒绝和父母对话，也会让教育无法真正实施。把男孩当男子汉看待，信任他，做一个能够和男孩交流的妈妈，会让男孩更加健全地成长。

男孩需要走出妈妈的“怀抱”

对男孩来说，他们需要妈妈的陪伴，也希望妈妈能够放手。母子之间的关系要有一个度。妈妈要注意在日常生活中引导男孩慢慢走出自己的怀抱，走向独立。

尽早让父亲参与到男孩的教育中来

我们来看看两个案例，前一个是父教缺失，后一个是父教及时。

男孩甲从前很依赖妈妈，到了小学六年级的时候，突然变得不愿意和妈妈一起外出，到了初二，他几乎和妈妈没有话说了。

男孩乙从小由妈妈抚养，到16岁的时候，突然不愿意听妈妈的话。妈妈情急之下，只好让爸爸多承担教育男孩的任务。一天，老师发短信给爸爸，告诉爸爸男孩在学校的表现并不好。爸爸于是主动找男孩沟通，整个过程比较顺利。爸爸发现男孩并没有排斥自己。

如今，很多家庭都是独生子女，如果父爱缺失，母子之间出现矛盾，针锋相对互不退让，就很难很好地教育孩子。如果父母都能参与到教育男孩的事情上来，就可以形成“三足鼎立”的形势，无论哪两方出现了矛盾，另一方都可以站出来充当裁判，进行调和。所以，尽早让父亲参与男孩教育，不但能够培养一个拥有健全性格、阳刚大气的男孩，还能促进夫妻感情，不至于让家庭因为感情不和而不和谐甚至走向破裂。

让男孩自己对自己负责

鸿鸿学习成绩要公布了，妈妈惶恐不安。她向鸿鸿打听考试成绩，鸿鸿害怕妈妈批评就只能敷衍。

后来，妈妈从老师那里得知儿子的成绩并不优秀，她想批评鸿鸿。爸爸说：“让他自己对成绩负责吧，我们不要管他。”

妈妈忍不住哭了：“我对他倾入了那么多心血，他怎么可以不努力学习？”

第二天，妈妈发现儿子的 QQ 签名变成了：“这次成绩没考好，我会努力学习的。”

妈妈往往很难做到对男孩放手。但是，妈妈得承认，男孩确实在长大，他可以为自己越来越多的事情负责了。妈妈不要太过担心男孩做不好，要给他时间和机会让他走向独立。

让男孩独自面对问题

小睿是一位小学二年级的男生。有一天，小睿在回家路上告诉妈妈："我忘了告诉你，我前两天换到XX的座位旁边了。"

妈妈听了很焦急，因为XX是一个非常有攻击性的男孩。妈妈心里想，要到学校找老师，让老师把他们两个分开。

可是，过了一会，小睿对妈妈说："我和XX课下经常聊天，他看我的时候，我会对他笑，我看他的时候，他也会对我笑。我们已经成了好朋友。他不会欺负我的。"

作为男孩的妈妈，很本能地想要保护男孩，让男孩能够避免危险。但男孩总要长大，总归需要自己解决问题、自己思考。妈妈需要从生活的一点一滴中学会放手，让男孩成长起来。男孩在成长中逐渐变得有勇气、有力量。

母爱不是把儿子抱紧在怀里，而是慢慢放手，让男孩更好地成长，走向独立。

做家务就没有男子汉气概吗

有的妈妈希望男孩能够学会做家务，有利于将来寻找配偶、家庭和睦；有的妈妈不愿让男孩做家务，害怕男孩会做家务，到他们结婚之后需要天天做家务，受累；有的妈妈从学业的角度考虑，认为男孩做家务就会耽误学习；还有的妈妈坚守传统思想，认为男孩做家务就是没有男子汉气概。

妈妈们莫衷一是，但不妨来看看国外的情况。

德国专门为孩子做家务立法：6 — 10 岁儿童需要帮助父母清洗餐具，收拾房间，到商店买东西；10 — 14 岁的孩子要在花园里劳动，给全家人擦鞋；14 — 16 岁的孩子要擦汽车，在花园翻地；16 — 18 岁的孩子每周要对家庭进行大扫除。所有的这些，政府都要监督。

美国哈佛大学的学者通过 20 多年的研究得出结论，做家务和不做家务的孩子长大后相比，失业率为 1:15，犯罪率为 1:10。

做家务是小事，但也是大事。

作为男孩，迟早需要走出家庭的庇佑，走向社会，如果他连最基本的家务都做不好，他也无法照顾好自己。教会男孩做家务，也等于教会了他们一些基本的生存能力。如果剥夺了男孩参与家务的机会，就可能让孩子在离开家后不知道怎样生活。

因此，作为父母，尤其是妈妈，一定要在日常生活中教男孩学会做家务。

从小培养男孩的劳动意识

浩浩 17 岁了，学习成绩不错，但是在家里不做家务，饭要端到他的屋子里他才吃，吃完后他也不洗碗。五一放假三天，妈妈希望他帮着做点家务，话刚出口，他就闹起来了，说什么也不干。

颂颂上初二，父母在外打工，他由爷爷奶奶抚养长大。他的衣服一直由奶奶来洗，他还经常张口就骂爷爷奶奶。

男孩做家务的意识是需要从小培养的。父母应该让男孩明白，扫地、洗菜、擦桌子等家务是每个家庭成员的义务，不要认为父母是服务者、自己是享受者。男孩不能永远只是坐享其成，应当对他人尽责任。否则，不让男孩承担任何家务，会让他觉得他所得到的一切都是理所当然的，他不用为家人、别人做什么，只肯索取，不愿付出。这样，不就变成了浩浩、颂颂那样的男孩，长大后是不是容易失业，甚至犯罪呢？

大人在劳动的时候，不要在小孩面前抱怨辛苦，不要给孩子留下家务很烦很累的印象。这样会让男孩逃避做家务。父母在做家务的时候可以让男孩参与进来，让男孩学习和模仿。父母要让男孩体会到劳动的乐趣，要及时表扬他，让他受到鼓舞，树立爱劳动、愿意做家务的意识。

给儿子分配恰当的家务职责

一个妈妈给四岁的儿子安排的家务是：

帮助妈妈把炒好的饭菜放在桌子上；

帮助妈妈收拾碗筷；

自己收拾自己掉下的米粒；

倒垃圾……

很多父母在男孩小的时候，舍不得让他做任何家务，但是在男孩大了的时候却强制男孩参与某些家务，这会让男孩不情愿去做。为了避免这种情况，父母应按照男孩的成长轨迹为他分配家务职责。如，在幼儿时期，让他玩完玩具把玩具整齐放好，在他稍微长大些再分配他自己洗袜子、倒垃圾等职责，逐步让他明确自己能做什么，需要做什么。

鼓励为主，不要对男孩做家务要求过严

很多父母安排了男孩做家务，又总是担心他们做不好，总会在他们做完后再做一遍。这样会打消孩子做家务的积极性。如果父母不放心，可以在男孩不在身边的时候检查一遍，或者当着孩子的面

指出他哪里没有做好，给他一个评定标准，并鼓励他做好。

对男孩来说，最开始学做家务往往做不好。不要因为他们做家务做错了就指责他们，要给予他积极的鼓励。

男孩从来不打扫自己的房间。

有一次，他心血来潮把自己的房间打扫得干干净净，爸爸来到他的房间，惊奇地对他说："哇！这个房间打扫得一定会让军营里最严格的教官夸奖，西点军校都要给他颁发合格证书。"

男孩听了特别高兴，连忙问爸爸他还可以为爸爸做什么。爸爸告诉他需要擦皮鞋，男孩又高高兴兴地帮助爸爸擦了皮鞋。

男孩的爸爸只是给了男孩应有的表扬，就让男孩对做家务充满了向往。这就是鼓励的作用。有的时候，同样的要求，通过不同的表达方式能达到不同的成效。赞扬是最简单有效的激励方式，在男孩做家务这件事上也不例外，父母不妨尝试一下。

不要让过高的期待压垮男孩

现在大部分孩子都是独生子女，男孩更是被寄予了太多的期望。父母主观地认为只要严格督促男孩，就能够让男孩有上进心，期望男孩聪明、比同龄孩子优秀。但是，这样会对男孩产生很多的负面影响。

与其严格要求，不如让男孩自律自发

很多妈妈为男孩制订了严格的学习任务表、玩耍控制表，认为男孩只要完全履行父母的要求就能更加优秀，能够超过他人。但很多情况下，男孩会因此变得被动、丧失积极性。他们即便按照父母的期待完成当时的任务和目标，也会认为："这是父母的意愿，不是我想要的结果。"

正确的做法是，让他们自己来决定学习、玩耍的时间，变被动为主动。

鹏鹏开始上初中后，妈妈考虑放手让他管理自己。早上，妈妈让鹏鹏决定几天起床、几点吃早饭、几点上学；晚上，妈妈让鹏鹏决定什么时间开始做作业，什么时间睡觉。第一天，鹏鹏说自己管理自己实在太累了，会控制不好时间。但妈妈态度坚决，认为他可以做到，于是鹏鹏同意了。这样坚持了几周，他就做到了不用父母督促就自行安排自己的学习和生活。妈妈发现，没有对鹏鹏进行严格的要求，也没有寄予太高的期望，他反而能够做到自觉自律。

男孩的自主要求很强烈，但当受到成年人太多的支配后，他们却很难做到自我激励、自我行动。因此，父母一定要适时放手，让男孩自己来掌控生活。这样反而能激发他们的主动性，让他们为自己的愿望而努力，男孩就不会在每次做不到的时候，怪罪父母的要求太高。

期望的高低要根据男孩的能力、精力来调节

男孩高阳的妈妈对高阳期望非常高，一旦发现高阳哪方面表现不好，就大声批评、训斥。高阳越来越怕她，变得拘谨、没主见、不爱思考。上学后，高阳表现为学习积极性不高。

高阳的妈妈很优秀，她就认为高阳也可以通过和自己一样的努力变得优秀起来，但是却没有考虑到高阳是否能够真的做到。这就是期待过高对男孩产生了反面的影响。因此父母在对男孩提要求前，要考虑男孩是否有能力做到，须知强迫孩子去做他做不到的事情，

不仅收效甚微，而且适得其反。

德辉上幼儿园的时候，妈妈看出他对围棋感兴趣，于是就给他报了兴趣班。最初的时候，妈妈并没有希望孩子能够在围棋上有多大进步。通过一段时间的学习，妈妈发现德辉有下围棋的潜能，就让他努力“升级”，德辉在 12 岁的时候达到了业余 4 段。

在这时候，妈妈觉得学英语对学生学业有很大好处，又为德辉报了英语班。妈妈督促德辉完成比老师布置的作业还要多的作业，这样，德辉很累，对英语和围棋都没兴趣了。情势恶化，妈妈只得放弃高压政策，让他喜欢哪个就学习哪个，德辉又开始自觉学习围棋，对英语也不那么排斥了。

男孩不喜欢做父母为他们安排的事情，那就让他们自己去树立目标，让他们学会自觉学习，不要让过高的期望成为男孩成长的负担。

过高的期待会给男孩带来无形的压力。研究表明，90% 的孩子厌学是因为父母或老师的教育方法有问题。父母希望男孩能够在竞争中取胜，争第一，害怕他们落后，但这往往就会让他们变得郁郁寡欢、心理承受重压脆弱。父母要关注男孩的内心想法，让他们自己来表达自己的真实意愿。

妈妈“弱”，则儿子强

妈妈对于男孩的成长有重要的影响，要培养男孩具有成为男子汉所需要的坚强品质。在这一点上，妈妈应该做到“以弱养强”。自己过于强势，男孩就处于弱势；自己懂得示弱，男孩更加强大。

学会在男孩面前示弱

弘弘的妈妈非常优秀，结婚前在学业和事业上都是拔尖的。弘弘从小到大的作业，都是妈妈检查一遍后才交给老师。弘弘在学校里无论发生了什么样的事情，也都由妈妈出面解决。但是，弘弘却被公认是一个胆小怕事的孩子。

妈妈替男孩分忧解难天经地义，但是不要包揽应该由男孩自己去做的事情。男孩的成长需要一个过程，作为妈妈，要给他机会，让他表现自己，这样才能让他变得强大。

儿子读小学三年级，对数学没有兴趣，妈妈想让他把男孩子普遍拥有的理科优势发挥出来，想了各种办法都不凑效。有一天，她在检查儿子作业的时候，找出一两道比较难的题目“苦思冥想”，后来转向男孩求教。男孩发现妈妈解答不出来这道题很高兴，于是耐心地给妈妈讲解了数学题，觉得自己比妈妈都强。到后来，儿子回家后的第一件事就是拿一个难题要难倒妈妈……

妈妈的强势会让男孩处于弱势的一方。有些男孩不够坚强，原因就是因为妈妈太强了，对他事事包办，这真会影响到男孩自身的发展。

妈妈向男孩示弱，能激发男孩自己战胜问题的动力，充分发挥自己能力。因此，作为妈妈，尤其是优秀的妈妈，不要处处逞强，处处为男孩排忧解难，退一步，让男孩觉得自己比成年人都强，自己才是解决问题的不二人选，才是聪明的妈妈！

让男孩做些爸爸该做的事情

晚上，客厅天花板上安装的灯管突然不亮了，妈妈并没有等待爸爸回家后再修，而是直接求助于14岁的儿子。在妈妈的简单提示下，儿子找工具、搬凳子、检查线路，最终让接触不良的灯管重新亮了起来。

其实，儿子从上小学后，妈妈就没有帮助他拿过书包。相反，如果妈妈和儿子一起逛街，还会让儿子帮着拿些东西，并不忘鼓励儿子，夸他能干。

作为妈妈，不需要在生活中知道所有问题的答案，为儿子树立一个万能妈妈的形象。在男孩寻求妈妈帮助的时候，也不要急于告诉男孩答案。相反，要学会向男孩求助，让他承担一些属于家庭中男性角色应该做的事情。男孩在自己解决问题的过程中，自然就变得有担当、有力量，充满自豪感，让他有自信处理各种问题。

第五章

阳刚男孩家庭造

家庭是培养阳刚男孩的第一现场。

在比较民主、宽松的家庭氛围里成长的男孩，更容易成为独立、大胆、有主见的男子汉。

家庭生活中，爸爸妈妈之间情感融洽，家里充满了爱，男孩长大后才能坦然面对异性，勇于担当家庭的责任。

家庭无论贫富，男孩都该穷着养，能吃苦、能奋斗，这是男孩、男人必备的阳刚之气。

培养阳刚男孩，家庭要营造氛围

家庭的氛围对男孩的成长很重要，有人做过调查，有 76% 的学生认为家庭的氛围不适合学习。有的家长喜欢回家后高谈阔论，有的家长喜欢经常搓麻将，还有的家庭父母经常晚归或吵架闹离婚。不良的家庭环境会给男孩带来不良的影响。不良的家庭氛围包括：

● 父母离异。很多家庭离异后很难兼顾到男孩的感情，男孩会因此情绪低沉、自卑、成绩下降。

● 父母认知不同。很多家庭会因为父母之间教育男孩的方案不同产生争吵，让男孩不知道究竟应该听谁的教导，这也会让男孩失去方向感。

● 父母安于享受，让男孩失去学习的动力。

● 父母生活不规律，早出晚归，忽视对孩子的管教。

● 家长忙于工作、应酬，没有为男孩提供一个安静的地方用于学习。这样很容易让男孩无法做到注意力集中。

科学研究表明，人在成长的最初几年时间里，深受环境的影响。男孩从新生儿长大成人，身高、体重、大脑都在发展，心智也在逐渐成熟。著名心理学家杰明·布鲁姆表示，人 80% 的智力发展是在家庭环境下完成的。所以，父母的言传身教对男孩的成长相当重要。孟母三迁就是为了给孩子寻找一个良好的学习氛围。为了能够让男孩拥有一个良好的学习环境，家长需要做到：

父母做好榜样作用

现在，很多家长为了让孩子“不输在起跑线上”，为孩子报了各种兴趣班、业余班，把孩子的业余时间都控制在学习上，但是，父母在家里却玩电脑、打麻将、找朋友聚会、聊天。这让孩子会感觉“不公平”，他们会抱怨父母为什么有特权可以玩，而自己却非要学习。布鲁姆曾对 120 名杰出人物做了长达四年的调查，他发现很多优秀人物的家庭中，家长都能够为了孩子做到以身作则。

为男孩灌输正确观念

华阳在想要给老奶奶让座的时候，妈妈对他说：“不要让座，你好好坐着！”很多家长也一样，一方面在谈到道德问题的时候喜欢对别人指指点点，但是当自己身上发生同样的事情时，却很难做好，经常是说一套做一套，这很难让孩子接受。

还有的家长一方面要求男孩学习，要求男孩努力上进，另一方面又直言不讳地在孩子面前讲自己小时候怎样不想上学、学校怎样枯燥无趣、学校老师怎样严厉可怕，这些都会让孩子觉得十分矛盾。男孩和怎样的人经常在一起，决定了他将成为怎样的人。如果想要让男孩喜欢学习，就不要让男孩在厌学的人群中玩乐。

给孩子提供一个安静、温馨的学习环境

给孩子提供一个固定的地点用于学习，就是让孩子能够走到这个地方的时候就能想到学习，这个地方要保证安静、不容易被吵到，最好能够摆放一些学习用品。为男孩提供一个温馨的家庭环境，就是让家人能够有时间一起吃饭、一起谈话。温暖友爱的家庭环境是孩子健康成长的前提。

有的男孩注意力不集中、做作业拖沓、不能专注学习的原因往往就在于外界干扰太大，让他们做不到专注。有些男孩边做作业边看电视，有些男孩要边玩边做作业，有些男孩在做作业的过程中发呆，还有一些家长在男孩做作业的时候为他提供食物。这些都无法让男孩安静下来。要孩子学习，就先要帮助他扫除外界干扰。

不要把工作情绪带回家，不要在孩子面前吵架

生活中，有些父母不注意控制自己的情绪，遇到不顺心的事，就愁眉不展、唉声叹气，这一切孩子是看在眼里、记在心里的，他们比成年人更容易产生焦虑的情绪。所以，面对压力，家长最好保

持冷静，在回家之前，好好地调整自己，将不良情绪挡在门外。记住，不管在任何时候，跟孩子沟通都要心平气和，因为孩子就像个“情绪侦探”，会从你的语气中察觉出你的真实感受，并把这个情绪状态变成自己的情绪参考。

研究表明，在民主、和谐、文明的家庭中成长的孩子情绪稳定、性格开朗，他们能在家庭中找到安全感、他们会因为家庭感到幸福快乐。不要让孩子因为大人的情绪变得悲观、沮丧。

关注男孩的内心感受，让男孩喜欢家庭生活

很多家长关注孩子的饮食、关注孩子的物质享受、关注孩子学习，但是很少关注他们的心灵。父母往往在平时要求男孩千依百顺，但是只要男孩犯错，就会控制不了脾气对他打骂。儿童心理学家认为，每一个男孩都有独特的天赋，而且他们有能力把这些天赋发挥出来，但这需要家长的认同和鼓励。任何孩子的成长都需要家长的认同和鼓励。但对于这些处处争强好胜的男孩来讲，这更是他们内心深处的一种细腻情感。所谓“内心深处”，言外之意就是在平时不易表露，但正是因为如此，当男孩不被认同时，他们所受到的伤害会更大。如果家长能够巧妙地发现并满足男孩内心深处的情感，不仅能够促使男孩进步和乐于合作，而且还能增进亲子之间的感情。

举办家庭学习会

生活处处皆学问，让男孩喜欢上学习的最好办法就是家长也是谦虚好学的人士。可以为家庭订阅一些报纸、书刊，和男孩一起扩充视野、讨论问题。想要让男孩依从权威的父母，家长就需要比男孩更有学问。

家庭教育对男孩的人格形成和发展影响是巨大的。如果在一个家庭中，父母对生活充满热爱，个性品质健康向上，思想感情积极热情，观念信仰正确得体，有趣活跃，便会使孩子生活在积极向上的心理环境之中，造就孩子的良好个性。家是孩子未成年以前住得最久的地方，未成年孩子的人生观、价值观又正处在形成时期，家庭环境对男孩的成长至关重要。

父母感情好坏影响男孩的成长

鹏程是一个典型的富二代的孩子，父亲白手起家、事业成功，母亲是全职太太，在家没有地位，性格唯唯诺诺，不敢顶撞丈夫。鹏程的性格也随母亲，没有主见、胆小、内向、不敢大声说话。扑扑和鹏程的家境差不多，但是他的性格比较随他的父亲，张扬而霸道，在他母亲想要管制他的时候，他向老师哭诉，说他母亲什么都不懂，只会管他。

鹏程和扑扑因为父亲不尊重母亲，他们的性格受到了影响。可见，夫妻感情和谐是孩子健康成长的保障。

研究表明，如果在母亲受孕期间夫妻经常吵架，会引起孩子身心发育不良、孩子出生后烦躁不堪、哭闹不止，甚至危及生命。

现今社会，有这样几种现象：

父亲拼命工作、母亲独自照顾孩子；

父母都在做生意，孩子自由成长；

孩子父母经常当着孩子面吵架；

离婚率高，组合型家庭增多……

这些都在潜移默化地危害孩子的成长。据统计，青少年罪犯中，有很多孩子的家庭是不完整的，或者父母没有尽到责任。父母没有承担好职责，让男孩无法找到自己成长的方向。

有人说，孩子是爱情的纽带，但是如今，孩子的降生也可能影响到夫妻感情。法国心理学家指出："如果夫妻感情稳定，孩子的出生会让婚姻持久，家庭的感情会在孩子长大后重新分配；如果夫妻的感情不牢靠，孩子的降生就会让夫妻关系雪上加霜。"

浩浩该上小学三年级了。父母经常在外面打工，他由爷爷奶奶抚养。男孩的父亲对家庭生活感到压力很大，他希望男孩的母亲随自己去城市打工，但母亲只愿在离家较近的地方工作，这样能经常见到孩子。爸爸害怕男孩不能得到好的教育，于是想要一个人把男孩带到自己打工的城市，让男孩有更好的机会学习。但是这样一来，家庭矛盾激化了，浩浩的母亲不愿失去现在的工作，也不愿与自己的孩子分开，家里于是硝烟弥漫。

不可否认，孩子成长是需要父母双方陪伴的，如果父母中有任何一方缺席或彼此感情不和睦都会让孩子心理受到打击，孩子会觉得愤怒、忧郁没有安全感。离婚更会让孩子性格变得孤僻、极端、过分压抑和不安。

对大多数的男孩来说，父母应该是一辈子陪伴他的亲人，他希望父母能够和睦相处。面对父母吵架，他会伤心、会觉得是自己得罪了爸爸妈妈。大多数情况下，男孩会隐藏自己的真实想法，默默承担家庭给他带来的伤害。家长应当觉醒，男孩是无辜的，他不应过早感受家庭的矛盾。为了孩子，家长需要时常培养夫妻之间的感情，不要让家庭影响到孩子的成长。为此，家长应该做到：

双方共同参与男孩的教育

胡胡的父母在胡胡降生后，有这样两个价值观：妈妈认为，作为一个负责的丈夫，既要能赚钱还要对家庭琐事负责；爸爸认为，妈妈应该任劳任怨无怨无悔，还要做好温顺可爱的妻子让他享受温情。

男孩的出生是对家庭的考验，孩子希望父母能够和睦相处，希望父母能够做好他的陪伴者。但是在很多夫妻关系不和的家庭中，夫妻双方总是少了理解和容纳，他们彼此看不惯又觉得自己付出很多。

丁丁的母亲是硕士毕业，她认为教育孩子一定要用最先进的手法，一定要让孩子在每个阶段都是最优秀出众的孩子。她自己学习各种育儿经验，为孩子报各种补习班；但是她得不到理解。婆婆想要自己带孙子，丈夫也不支持妻子用自己的方法照顾孩子。他们因为这件事经常生气吵架。

丁丁的父母都过于在意教育孩子的方法，而忽视了教育孩子的目的。无论是丁丁的父母也好，还是丁丁的外婆外公、祖父祖母也罢，都希望丁丁能够茁壮成长，如果因为他们之间无法寻找出共同教育孩子的方案而让家庭感情不和谐，就很难为丁丁提供一个健康的成长环境。

诚然，教育男孩是夫妻共同的职责，只有夫妻双方认知一致，默契配合，才能引导男孩健康成长，保证男孩心智健康。如果只是一方努力或夫妻之间对男孩教育产生偏差，就容易导致男孩畸形成长，让男孩变得恋父或恋母，厌学或犯罪等等。

培养阳刚男孩，需要父母先“成人”

上海社会科学院研究所研究表明：很多独生子女组成的家庭中，有很多大人自己还没有成熟就要照顾孩子。他们之中，有的母亲害怕身材变形，不愿意哺乳，有的爸爸不把教育孩子当作职责，在婴儿房间里吸烟、打手机；有的家长不懂怎么育儿，想要把孩子交给双方父母，但是又因为两对父母意见不合而发生矛盾……

成为父母是每个人都要修的一门课，不要让自己成为孩子成长的障碍。想要培养出阳刚的男孩，父母先要修正自己的观念，虚心学习育儿经验，并向孩子投入爱和关注。

小峰的父母结婚后关系一直不和，但是他们并没有离婚。他们有了小峰后还在勉强维持夫妻关系。一天，妈妈给小峰买了一个玩具。小峰玩得很开心但不小心弄丢了一个零件，妈妈很生气，对小峰大吼大叫。由于夫妻关系不和，爸爸的劝阻没有让妈妈心情稳定下来。过了一会儿，小峰看妈妈不再骂他了，小心地问妈妈：“妈妈几点了？我去洗澡陪你睡觉吧。”妈妈看小峰这么懂事，忍不住哭了。

小峰没有责怪母亲对他大吼大叫，因为他爱母亲，因为血溶于水。成为夫妻的两个人是因为爱组合在一起的，当他们拥有男孩的时候，就应当让自己成熟起来，承担起家庭的责任，不要因为一点小矛盾就放弃家庭，放弃伴侣和孩子。

夫妻关系不和对男孩的成长不利，因此想要培养阳刚健康的孩子，不仅需要了解如何育儿，更要处理好家庭中错综复杂的关系，为孩子提供一个温馨的成长环境，这就需要父母双方做到：

● 夫妻之间要彼此尊重、爱护，有任何感情问题都尽量做到彼此之间沟通、交流，不要在孩子面前争吵。

● 不要羞于在孩子面前表达彼此之间的爱意。

● 夫妻间彼此信任支持，在孩子懂事之后，有不同意见要与孩子一同探讨。

● 尊重彼此家人、亲朋好友，为孩子做好榜样作用。

● 夫妻双方做好分工。

家庭之间一般都是小事，小事处理不好就容易产生矛盾。养孩子之后父母要做好分工，分工之后不能轻易闹脾气、抱怨和不满，要以成人角度来看待婚姻家庭问题。如果有什么纠纷不要强调出谁对谁错，要互相包容和理解。面对男孩的问题要多站在男孩的角度来思考。

批评或表扬，父母要做好“表演者”

批评或表扬，能够帮助男孩养成良好的生活、学习习惯，男孩通过父母的态度来判断自己是否做对了。那么，父母如何批评或者表扬男孩才能让男孩接受？父母应当怎样做表演者？

父母的态度要保持一致

案例一：塬塬又惹爸爸生气了，他趁爸爸不注意跑到了窗户的阳台上。爸爸看到之后，追着塬塬打屁股。这时候，妈妈出现了，妈妈担心塬塬哭会伤身体，她拦着爸爸不让爸爸打。孩子在妈妈的怀里表示很无辜。

案例二：爸爸让瑞瑞帮助他喂鱼、养花。在开始的几天里，瑞瑞总是忘记。但在他自己意识到要有规律地喂鱼养花后，他便出色地完成了任务。爸爸感到很高兴，但是嘴上却说：“你终于记住你要做的事情了？真稀奇啊，明天别再忘了！”这时候，母亲不高兴了，她当着爸爸和瑞瑞的面说：“孩子表现这么好，你也不知道表扬表扬！”

教育男孩是慢工细活，任重而道远。父母即便把每天都安排得满满的，也需要抽空来讨论如何教育男孩。对塬塬来说，父母的态度不一致，会让他无法意识到自己的错误；对瑞瑞来说，父亲的批评带有讽刺味道，母亲的表扬又显得空洞无味。

在宝宝刚刚出生的时候，父母可以为男孩商量出一个切实可行的教育方案——当然，这个方案需要夫妻双方都能够赞同。如果无法达到统一，就一定要学会各退一步，达到和谐。在遇到教育男孩意见不同的时候，父母要先以一个人意见为主，让男孩有一个可遵循的条款，然后再私下讨论给男孩的标准是否正确。当意识到教育男孩方法不对的时候，要向男孩道歉，让他学会新的规则。对男孩道歉也是教会男孩认错的好机会。

生活就如同没有彩排的戏，谁也不知道下一刻会发生什么事情，下一刻男孩会闯出什么祸，会表现多么优秀。家长一定要达成协议：为了让男孩健康成长，一个人在批评男孩的时候，另一个人一定要做好配合工作。如塬塬的妈妈应当用坚定的语气告诉孩子：“爸爸是因为看你做错事了才会打你，爸爸很爱你，你只要改错爸爸就不会再打你。”而不是一味地袒护塬塬。而瑞瑞的爸爸在意识到自己不应当批评瑞瑞的时候，一定要能够放开面子，表示出自己其实是想要表扬瑞瑞，而不是讽刺他。

正确扮黑脸、红脸

景同的爸爸演黑脸，妈妈扮红脸。为了纠正景同爱扔东西的毛病，爸爸就对景同“冷处理”，犯错时不理他，不陪他玩。次数多了，景同在渐渐意识到自己错了的同时，也开始惧怕爸爸，他更多地喜欢妈妈，爱和妈妈在一起。这时妈妈就温和地教育景同不能乱扔东西。在爸爸妈妈的配合下，景同很快改掉了这个不好的习惯。

建建的爸爸横，妈妈软，爷爷奶奶又宠着。每次爸爸管教建建的时候，妈妈都会站出来护他。这就让他变得欺软怕硬，只有爸爸可以管教他。爸爸不在家，建建就忘乎所以。这种黑脸、红脸是要不得的。

黑脸红脸可以让男孩在受到责骂的时候能够迅速树立自信心，但是也很容易让男孩变得不亲近黑脸，或轻视红脸。实际上，父母在教育男孩的时候，可以根据情况随时变换角色，不要让男孩认为父亲没有温情的一面，母亲也没有强势的时候。当父母双方有一个人控制不住脾气想要对男孩发火的时候，另一方要站出来帮助男孩认识错误、改正错误，做一名指导者。

不要总是高标准

安福的妈妈发现安安越来越大了。爸爸到仓库提货，妈妈在店里看店，安福就自己洗脸刷牙关灯睡觉，他没有要父母陪。妈妈对安福说：“你要是每天都能像今天这么乖就好了。”爸爸瞪了妈妈一下，对安福说："不，安福做的已经很好了，值得表扬！"

男孩可以做的事情越来越多，对父母来说应该是值得高兴的事情，但很多妈妈会不知不觉地想要男孩做得更好。这样就很难看到男孩的成长。父母想要批评或表扬男孩，一定要为男孩统一标准，不要总是希望男孩能够做得更多更好。

父母是男孩最好的礼仪老师

积极面对社会，适应多变的人际关系是衡量男孩心理是否健康的标准。男孩能够在人际交往中表现自己，才能更好地建立自己的交际圈。对此，作为父母应该做到：

让男孩了解基本的礼仪

天睿和妈妈一起参加一个婚礼，在参加婚礼前，妈妈并没有告诉天睿要怎么做，天睿说要吃糖，妈妈答应了；天睿说要看看新娘，妈妈就带他看了看新娘，天睿看了新娘之后说："新娘好丑啊，你不是说新娘都很漂亮吗？"妈妈赶快把他拉开，并告诉他："你这么不懂事，下次不让你来了。"男孩不懂礼仪的根本原因是，家长并没有教他们，他们不知道怎么做。在这时候，家长就应当让男孩了解基本的礼仪。

让男孩彬彬有礼，首先要让男孩学会礼仪。学会礼仪先要学会尊重。尊重就是对人尊敬。天睿不懂得尊重他人，所以让家长闹了笑话。学会礼仪的第二步就是遵守，家长应该在每次带孩子去重大场合之前，教会他如何遵守规矩。如果孩子做不到，家长要耐心地一步步给予提示，不要在还没有教男孩礼仪的时候，就要求他自觉做到。学会礼仪的第三步是自律。家长需要教会男孩在各种不同场合中应当说哪些话，不应当说哪些话，什么时候需要沉默，什么时候需要打招呼。当然，家长需要首先做好榜样。

让男孩在公共场合表现得体

一位家长抱怨他的孩子不懂社交礼仪，他觉得孩子不够礼貌。但是当别人问起你是否教孩子要怎样做的时候，他说，孩子都已经五六岁了，应该懂事了，不需要家长多说。

家长不要认为男孩的自我领悟能力很高，他们可以无师自通。他们只有受教，才能学会。受教最方便的场所就是在公共场合。公共场合的礼仪很重要，男孩只有在公共场合做到了遵守礼节，他才能做到在重大场合中表现得大方得体。

很多男孩在外出时候吵吵闹闹、喜欢插嘴、喜欢捣乱，这时候父母要对孩子出现的问题具体分析，逐步解决。在对男孩提出要求的时候，要能够蹲下来，和他的目光保持对视，让他感受到被尊重和理解，要充满耐心。

鼓励男孩与他人互动

要经常带孩子参加家庭聚会，在接待来客的时候，让男孩参与到照顾客人当中。经常和邻里交往，鼓励男孩在众人面前介绍自己。

高卓的父母不愿意带他参加大人的聚会，因为男孩总是表现不好。后来，高卓的父母发现，那些经常参加父母朋友的聚会的男孩性格开朗、交际能力强。于是他的父母再次把高卓带入了朋友聚会中。高卓的父母要求高卓不能在大人唱歌的时候抢麦、不能只顾吃他自己爱吃的东西，高卓都一一做到了。

在男孩 3 岁之后，可以经常带男孩到亲朋家串门，让男孩在生活中学会待人接物，教会男孩如何和陌生人相处。在男孩表现不错的时候,要适时对男孩提出表扬。如在串门前,告诉男孩要到哪里去，会见到什么人，要怎么和小朋友相处，不能乱动他人东西，不能接受他人礼物。

当男孩做不到某项要求的时候，不要当面苛责他

有些男孩比较内向，如他们做不到叫人；有些男孩过于淘气，不懂得自律。这时候父母不要当着他人的面过于苛责男孩，要保持温和的态度教育男孩，并指导男孩对他人表示歉意。这样才不会让男孩对守礼产生抗拒心理。

训练男孩掌握礼节技巧

将朋友请到家里做客，让男孩帮助你招待客人；偶尔邀请男孩的朋友（或异性同学）到家里做客，让男孩学会招待。

带男孩多参加家庭聚会，让男孩在聚会中学会礼节；在重要场合，和男孩一起挑选代表礼节的服饰参加。

让男孩在重要场合给亲人打电话。在他打电话前，父母为他做好彩排。不要责怪孩子胆小、语无伦次，让他对自己打电话有信心。

带孩子出入公共场合前交代男孩需要注意哪些事宜。

带男孩乘坐公交车、大巴等，学会交通礼节。

为男孩立规矩

所谓没有规矩不成方圆。在教育男孩的时候，如何给他树立规矩，让男孩成为一个有底线和自律的人，也是家长必须面临的问题。那么，怎样给男孩树立规矩呢？

说到做到，赏罚分明

为了让男孩有规矩意识，父母在要求男孩做某件事的时候，一定要告诉他不去做有怎样的后果，并严格执行。

一到放假，信鸿就开始放纵起来。他在家里乱蹦乱跳，让父母陪着他玩，把电视的声音开到最大。父母觉得放假时应当轻松一下，于是没怎么管他，还为他准备了很多好吃的。半夜十二点，父母都睡觉了，信鸿还是一个人在玩。父母没有一点办法。第二天，信鸿比爸爸妈妈起得还要早，他看到爸妈还在睡觉，就没有打扰他们。

他百无聊赖地自己看了会儿书，然后为爸爸妈妈准备了早餐。爸爸醒后，看到儿子没在睡觉，认为他还在玩耍，于是大吼大叫："你昨天玩那么晚今天还有精神啊！"妈妈被爸爸的声音吵醒了，也开始大叫："你又跑哪里疯去了？回来再睡一会儿。"

给男孩树立规矩，家长一定要注意奖罚分明，否则男孩就很难判断自己什么做对了，什么做错了，也很难养成良好的习惯。像信鸿的爸爸妈妈，在发现信鸿可能在假期"闹翻天"，就应当给他树立规矩，规定他几点休息，规定他不能打扰到邻里休息等等。如果他遵守了这些规矩，家长可以找个时间奖励他。而不是纵容他在假期疯玩。当信鸿做到按时起床、清晨读书，做到为父母准备早餐的时候，父母应当表示感谢，家长也应当立即起床，遵守正常的作息习惯，而不是对男孩大吼大叫。只有奖罚分明才能正确引导男孩遵守规矩。

男孩总是不守规矩，因为爸爸妈妈并不会真正处罚他。在3岁多的时候，他总是往地上丢东西。妈妈想要让他捡起来，他就撒娇或者找别的话题扯开。爸爸妈妈觉得这不是大事，就帮助他捡起来，他却在旁边边丢边笑。爸爸妈妈想要打他，也并不会真的动手，所以他从不在乎。

规则在孩子"学习—发现"的过程中起着极为重要的作用。但是，如果父母的信号不明确的话，父母一心想教给孩子的东西很容易不起作用。规矩对孩子的成长，不但起着约束作用，更会使孩子得到安全感。首先，给孩子立规矩时，信号要明确。立规矩时，需要明确地告诉孩子这样做的后果，最好这个后果跟孩子的切身利益有关。

同时，惩罚一定要及时。孩子的长期记忆比较差。早上吃饭慢这件事，到晚上他很可能早就忘了。妈妈实际上也没必要再说。对孩子的惩罚要切实可行。如果父母的话对孩子是个不切实际的“威胁”，这个威胁对孩子不会起什么警告作用；立规矩的时候最好能把孩子不遵守规矩的后果明确告诉他。

从小为男孩立规矩

立果三岁半，不知道在哪里学会了说骂人的话。一开始，妈妈没有注意，认为他说说就会忘了。后来她发现立果骂人成了习惯。

为男孩立规矩越早越好，防微杜渐，能够让他很好地改正不好的习惯。等男孩有独立意识的时候，给男孩树立规矩很难实施，这时候家长一定要做到以身作则，遵守规矩。

在男孩小的时候（3 岁之前），如果犯错了，不管多么小的错误也不能姑息，一定要立刻阻止，让他不能去做，引导他去做正确的事情。当男孩长大之后能够听得懂父母的大道理的时候，再告诉他为什么不能去做。三岁之内，是男孩养成习惯的时期，如果一开始就为男孩树立规矩，就会让后续的教育顺畅开展。

设定和男孩年龄相符的规矩

一天晚上，汉章突然把床头柜上的铁书立拿了下来，轻轻地打了爸爸的头。爸爸告诉他不要拿金属打人。然后汉章随手拿着书立到了客厅，自己到一边去玩。爸爸叫他把书立放回原处，汉章没有听。爸爸再次叫他拿书立到原处还是没听。第三次爸爸拿着铁衣架对他大吼："我让你把书立拿回原处你听不到么？你想挨打么？"汉章还是没理爸爸。爸爸忍不住怒火，拿着铁衣架开始打儿子。打完之后他问汉章："为什么不听爸爸的话？"汉章说："不知道书立是什么东西。"

父母树立规矩，一定要让男孩在他所在的年龄段内遵守，也一定要让男孩能够理解。比如，不能规定还不能够到门锁的男孩自己用钥匙开门，不能规定 3 岁的男孩不能要求父母抱，不能规定 4 岁的男孩必须自己上街买菜才有饭吃等等。不能让男孩执行的规矩会让男孩无法遵守而让规矩形同虚设，也会让男孩无法完全遵守所有规矩。

父母要以身作则

父母是男孩成长的榜样，父母的行为决定了男孩的一言一行，父母具有权威、值得依赖信任，对男孩才有说服力。爸爸是男孩的保护者，也是男孩的人生启蒙者。妈妈是男孩的守护者，也是男孩生活的指导者。

很多家长为男孩设立了规矩，但是他们只是让男孩遵守，他们自己却并不执行。家长规定男孩要按时吃饭，可是每次吃饭的时候父母都拖拖拉拉；父母规定男孩每天只能玩半个小时电脑，自己却整天坐在电脑前；父母规定男孩不能躺着看书，自己却总是躺着看书……父母不能做到以身作则就会引起男孩的效仿，这样父母在男孩面前就会失去威信。

规矩要时刻遵守

妈妈叫 3 岁半的思聪吃饭，思聪总是不答应，只顾着玩游戏。妈妈说："你再不来吃，你最喜欢的鸡腿就被我们吃了啊！"他还是不过去。最后，妈妈还是舍不得吃掉鸡腿，只好把鸡腿给他留下，等到他想吃的时候再给他吃。

思聪不能按时吃饭就是在于思聪明白妈妈不会履行承诺把他最喜欢的鸡腿吃掉。思聪的妈妈应当在思聪准备上桌吃饭的时候，告诉他："因为思聪不按时吃饭，鸡腿已经没有了。"

妈妈为思聪设立了规矩，但是不注意让思聪时刻遵守。这就很难约束思聪，很难让思聪服从按点吃饭的规矩。比如规定他们不能在家吐痰，但是他们在外面吐痰家长就不予制止；规定他们在亲戚面前使用文明用语，但是却不阻止他们责骂同学老师。为男孩定规矩就要让男孩时刻遵守，不要在任何时候纵容他们。

男孩要穷养

很多家庭生活富足，就希望能够培养出一个有优越感的男孩，但是这对男孩成长是不利的。培养阳刚男孩是一个提升气质修养的过程，并不是有优越感的男孩就能拥有阳刚之气。

让男孩拥有很强优越感的后果是导致男孩盲目自信或者特殊化。过度自信就容易骄傲自满、浮躁、懒惰、没有毅力，认为自己不需要努力就可以克服人生所要面临的所有问题。特殊化则容易让男孩在学习生活中，渴望得到他人的关心和帮助，认为别人为自己服务是理所当然的事情，这样就会导致他很难交到朋友。

很多并不富裕的家庭中，家长节衣缩食，也要让男孩衣食无忧，为男孩提供最好的生活环境，一切以男孩为主，唯恐男孩吃苦受累，这样就很难让男孩独立面对将来生活中的各种问题。

不让男孩拥有太强的优越感，家长需要做到：

不要让男孩坐享其成

很多家庭的结构都是“四个老人，一对夫妻，一个孩子”，在这种环境下生活的孩子养尊处优、吃独食、自私、不关心家庭其他成员的感受，只希望别人为他服务，坐享其成。在这种环境下生活的孩子会觉得高人一等，没有同情心。心理学有一个效应叫做“蛋壳效应”，就是说平日里活泼可爱的孩子一旦离开父母的关照，受到一些挫折就容易支撑不住。这样的男孩很难成长起来。作为家长，一定要适当分配男孩一些职责，不要让他们有优越感。台湾作家李敖说：“怕苦，苦一辈子，不怕苦，苦半辈子。”父母要适当地让男孩经历一些苦难，不要事事顺从，一切以孩子为中心。

把男孩看作一个普通人

豆豆的妈妈是一个事业有成的女强人，豆豆的爸爸也事业有成。豆妈教育豆豆不要和普通的小朋友一起玩，不要把衣服弄脏。有一次，豆妈在接豆豆放学回家的时候，无意中看到豆豆和一些小伙伴玩得很高兴，把衣服也弄脏了，她就找到老师希望老师能够严加管理豆豆。在和老师交谈的时候，豆妈还用了英语。通过这次交谈，老师认为豆豆是一个特殊的孩子，他不能和其他小孩一起玩，他要被特别对待。于是小朋友一起玩的时候，豆豆只能自己待着，或自己玩玩具。时间长了，所有孩子都觉得豆豆是一个需要特殊对待的人，不能太过亲近。豆豆也失去了结交好朋友的机会，倍感孤独。

每个人的成长都需要自己去探索、需要自己去领悟，没有人可以在通往成功的路上走捷径。不要把你的男孩变得特殊化，要让他先学会做一个普通人，再教会他如何学习知识。

表扬男孩要有度，对男孩进行挫折教育

很多家长喜欢表扬男孩，喜欢夸赞他们聪明伶俐、帅气纯真，喜欢在男孩稍有成就的时候就赞扬他们。这就容易让男孩变得不知山高水深。凡事有度，表扬也一样。如果想要男孩努力学习，不要表扬他们聪明，而要表扬他们努力，因为通过努力可以变得更优秀，而男孩却没有办法让自己更聪明。在男孩骄傲自满的时候，要学会给他们“泼冷水”，要让他们学会自省，而不是一味的得意。

和男孩“划清界限”

虽然在家庭中，子承父业是理所当然的事情，但是不要让孩子过早意识到父母的财产事业就是属于自己的。

鹏翼高三，父母安排他出国学习。他父亲是大型企业的高层。他穿的衣服都是名牌。在父母的教导下，他也学会了八面玲珑的交际手段。相比同龄人来说，他过早地享受了生活。他认为生活条件不如他的同龄人生活艰苦，值得同情。他在生活上拈轻怕重，从不担心未来的前程。同时，鹏翼也认为自己迟早要继承父亲的事业，没有必要太刻苦。

很多家长认为，自己生活富足，孩子就应当穿高档衣服、上高档学校、接触上流社会，只需要学会应酬、学会会计、学会商务英语、学会经营管理等等。但是男孩的这种优越感是来自父母的，在他们没有经历生活考验之前没有资格抬高自己的身价。和男孩“划清界限”就是让男孩意识到他想要有所成就需要自己付出努力，永远不要指望父母，要学会自立自强。拿破仑是贵族世家的孩子，他也需要自己努力才能创立成就，奥巴马父母离异，没能在他幼年的时候给他优越的生活条件，他也是通过努力才成为总统，没有谁是命运特殊眷顾的人。

用爱激发男孩上进

世上最奢侈也最廉价的就是爱，父母之爱似乎更是“义不容辞”、“天经地义”。但是很多时候，家长总是费力不讨好，因为他们不知道什么样的爱才是真正的爱，才是能促进孩子上进的爱。

关爱，要匹配男孩的成长需求

宏宏的妈妈在孩子出生后就没有睡过懒觉，她每天为孩子和老公准备不同花样的食物，省吃俭用把最好的留给宏宏，为孩子报了各种补习班，孩子在课堂上学习什么，她就跟着学什么。但是宏宏还是觉得她是一个坏妈妈，宏宏的爸爸也并不认为她是一个好老婆。这让自认全身心付出的妈妈倍感失落，为什么她的付出得不到肯定呢？

怎么样才能让男孩感受到关心疼爱？关爱不是一句“为你好”、

不是命令他去做什么。很多父母把自己的心血、爱和精力全部倾注于男孩，但是这些爱并不一定是男孩真正需要的。父母需要了解到男孩的兴趣爱好，让他做他想要做的事情。不要认为男孩不去做家长安排他做的事情他就不会成功、不会出类拔萃，要相信男孩自己的选择能够带给他更大的动力。

关爱，也需要回报

浩思在上小学四年级的时候，爸爸急性肠胃炎发作。他带着爸爸到医院看病，并一个人拿着爸爸的药单在收费处、药房、诊室间穿梭。爸爸看在眼里，感动在心里。

父母之爱是大公无私的，但是却不能让男孩觉得理所当然，这样会让他只想获取不愿意付出。当然，回报也不是一定要求男孩为家长做什么，而是让男孩学会感恩、学会承担家庭的责任，了解家是需要他来关注和关心的。这样才能逐渐培养男孩的责任心，让他学会独立自强。

关爱，不仅仅是为他提供物质享受

在文章导演的电视剧《小爸爸》里，夏天的舅舅为夏天提供了无可挑剔的物质生活条件，但是夏天并不喜欢，因为夏天感觉舅舅经常忙于工作，很少陪他；虽然夏天的爸爸于果时常打骂夏天，夏天却并不憎恨，因为他知道爸爸是真心疼惜他的。

关爱不是物质上的各种表现，而是精神上的体贴。比如，男孩喜欢飞机模型玩具，但是他不一定喜欢最贵的款式，也许他喜欢的只是和爸爸妈妈一起玩的飞机模型。不要总是认为给男孩提供最好的物质生活条件他就可以感受到父母的爱，男孩最需要的还是父母的陪伴。男孩的心也是敏感的，想要让他内心充满阳光，就需要先走入他们的内心。

让男孩感受到父母的关心和疼爱，家长需要做到：

和男孩做朋友

想走进孩子的心，就需要交出自己的心。很多时候，孩子都有自己的想法，他们没有大人看得通透，但是他们能够分辨什么是让他们感到愉快的，什么是让他们感到压抑的。把他当作一个朋友，就要向他分享你的困难，不要限制他必须去做什么，他会以一个大人的标准要求自己。

多陪伴男孩

华茂出生后，爸爸妈妈爷爷奶奶就围着他转。但是爸爸妈妈为了赚钱养家陪伴孩子的时间很短，这就让华茂和爷爷奶奶比较亲近。每当华茂闯出祸来的时候，爷爷奶奶就维护他，爸爸妈妈想要责备他没有时间、也没有机会。

很多时候，作为男孩的父母由于工作等原因并不能做到时刻参与到教育男孩的工作中，也不能做到在隔代教育的前提下实施自己的教育方案，但是无论如何，家长都需要能够腾出时间来陪伴男孩，找出空闲时间和男孩心平气和地聊天、游戏，了解到男孩每天在做什么，他的每个时期的困扰是什么，他对于某件事有怎样的看法。让男孩意识到无论何时，他都可以和父母一起解决他所遇到的问题。家家都有难念的经，但不要用男孩的成长为家庭的困扰买单。

尽量不要打骂孩子

瀚涛的爸爸小时候没有得到父母的关爱，他也不知道怎样去爱别人。当他有了自己的孩子后，他还是认为“棍棒之下出孝子”，经常打骂瀚涛。瀚涛每每看到动画片里儿子和父亲和睦相处的画面心里就会不舒服，他常常会问妈妈：“为什么爸爸不爱我？”

孩子犯错，父母情绪不稳定是有情可原的，但是如果父母经常打骂男孩，会给男孩带来心理阴影。如父亲经常打男孩，会造成男孩逆反心理，会让男孩缺乏男子气概，不愿意服从社会规范等；母亲经常打男孩会让男孩缺乏自信心，让男孩变得多疑没有安全感。美国一项调查显示，40% 的孩子在被父母打骂后，并不会改正自己的缺点。父母如果情急之下打了男孩，一定要在事后告诉男孩他错在哪里，他要怎么做才能不惹父母生气，并关注男孩被打后在想什么，不要让男孩因为被打而对父母心生怨恨。父母更需要保持稳定的情绪，不要让男孩受父母影响，性格变得不稳定。

不要一味否定你的男孩

父亲对男孩抱怨："为什么你考试总是考不好，而人家总是能得满分？为什么别人能够做班长，你只能做小队长？人家比赛得第一名，你只能得第十名。你为什么总是不争气？"儿子反抗地对父亲说："那为什么人家的爸爸当官、做生意，你只是一个小小打工仔？为什么我同学的爸爸一个月工资上万，你的工资只有两千？"爸爸说："别和别人比，人比人气死人。"男孩说："那您为什么总是拿我和别人比呢？"

男孩是需要表扬和鼓励的，他们不希望父母把他们和别人比，不希望父母否定他。他们希望听到喝彩声。鼓励，能够很好地鞭策男孩。

在一个家庭中，母亲为了鼓励男孩学习，就把他的成就小心翼翼地挂在客厅的墙壁上。客人来到他们家做客的时候，她都会自豪地炫耀："看看我的儿子有多棒！"客人当然也会应和主人，表扬男孩。男孩听到很多人鼓励他，也更加努力地学习，他想更多地得到家人的肯定。

虽然很多家长都能了解到鼓励男孩的作用，了解到在比较中否定男孩无法让男孩做好，但是他们难免也会犯一些错误：

在鼓励中暗藏否定语气。

睿聪的爸爸总是觉得睿聪不够努力，经常鼓励睿聪，但是爸爸还是觉得睿聪不够刻苦。因为无论男孩怎样努力，总会有比他出色的人，他很难成为最出色的人。这实际是以鼓励为由，指出男孩的不足。这样一来，爸爸的鼓励让男孩觉得没有力量，没有感情。

在抱怨中潜藏否定态度。

在一次聚会中，一个年轻妈妈抱怨他的儿子总是慢吞吞的。她说，无论怎么指责男孩动作慢，男孩还是无法改正。这个年轻妈妈的朋友问她："你是怎么指责男孩的？当你觉得他慢的时候，是安静地等他，还是一边抱怨一边指责？""当然是一直训斥一直指责了，他实在太慢了！""当你催促他的时候，他是不是一直在努力，他在努力变快，他不会反抗你，对吗？""是啊，我是为他好，他当然不会对我发脾气。"

很显然，上面的爸爸、妈妈都做了"吃力不讨好的工作"。他们没有像其他父母一样，很明显地表现出他们对男孩的否定，但是他们还是并不满意自己的男孩。

那他们应该怎么办呢？

鼓励适可而止，不要在鼓励中带有批评。鼓励要有温度和热情。

不要过于担心男孩做不好一件事会有怎样的"恶果"，要引导他们怎样去完成一件事。

对睿聪的爸爸来说，他仅仅需要做到鼓励男孩，而不需要对男孩进行鞭策。让男孩能够真正感受到了鼓励就是鞭策他最好的办法。在表达表扬的意思时一定要表现出自己的热情、喜悦、幸福。当然也可以很自然地摸摸他的头、拥抱他。

对那位妈妈来说，她表现出的强势，让男孩不敢反抗、不敢还击。男孩可能还意识不到自己的不满和愤怒，但是他会不自觉地做出反抗的举动，比如行动变得更慢，让妈妈焦急甚至是暴跳如雷。遇到这种情况，就需要妈妈能够放宽心，不要过于担心男孩“快不起来”会有怎样的后果，要尽量克制内心的焦躁感，帮助他纠正慢的习惯。比如，告诉他如果他能够快速且准确完成一件事，他能够得到怎样的奖励；告诉他怎样分配时间能够让他拥有更多自己的时间。

男孩的自信常常会受到家长的影响。只有肯定才能帮助男孩树立信心，才能真正让男孩感受到他们拥有的力量。男孩受到的表扬越多，他们就会越有自信、越有阳刚之气；他们受到的表扬越少，他们就会越来越不自信，责备和打骂只会加重他们的挫败感。

父母需要和孩子谈谈"性"

对男孩来说，不得不提的一个话题就是性。他们在开始有性别意识的时候，就会意识到他们和母亲的不同之处。他们在上幼儿园的时候，会注意到自己和女生的区别，他们还可能不小心地看到母亲用过的卫生巾等等。父母在对男孩进行性教育的时候，要注意以下方面：

不要以大人的眼光看待男孩的好奇

凯乐上初中二年级，父母行医，家里有很多书籍中提到了性知识。一天，凯乐拿起一本书煞有其事地研究起来。这时候爸爸突然闯进房间，看到儿子在看这样的书籍，父亲表现得非常生气，还指责他不务正业。

乐安9岁，一天他很好奇姐姐的胸部，很自然地就用手摸了过去。

姐姐大怒，骂他是小流氓，并把这件事告诉了乐安的妈妈。妈妈听后也很生气，严厉地批评了他。

男孩对性别产生意识是很正常的事情，家长不要以大人的眼光来看待这种行为。如果男孩一再希望了解到他们与女孩的不同之处，父母可以帮助男孩慢慢去探索性的奥秘，并教会他们尊重异性。

在适当的时间为他讲解性知识

对中国人来说，公开大方地讨论性还没有被完全接受。在男孩刚开始问有关这个的问题时，没有必要给他讲太多的细节，因为他没有办法做到真正理解。

因为这个时候的男孩并没有真正的性别意识。因此，家长没有必要禁止男孩和小朋友一起玩耍，这样做容易导致孩子性格压抑，甚至让他们不敢面对自己的性别。家长可以通过他们能够理解的语言为他们讲解有关性的知识。

安安问妈妈他是怎么出生的，妈妈就带他买了两张人体解剖图，又找了两张外形图。妈妈向安安详细解说各个器官的功能，也不避讳男女生殖器官，然后给他详细讲解了他是怎么出生的。安安了解到这些普通知识后就对此再也不感兴趣了。当别人逗他的时候，他也会很平静地告诉他们人是怎么出生的。

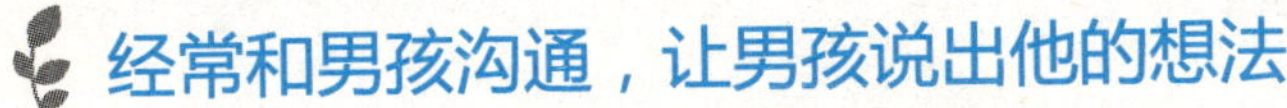

经常和男孩沟通，让男孩说出他的想法

蛋蛋3岁半，他说，在他们班很多男生女生要“结婚”了。妈妈感到奇怪，就问他，那你要和谁结婚？他说了一个男孩的名字、一个女孩的名字。他说他要成为那个男孩的老婆，成为那个女孩的老公。

父母要经常和他们聊天才能够了解到他们的真正想法，鼓励他们说话，才能告诉他们更多的性别知识。现今社会，各种资讯发达，家长不可能让男孩与世隔绝，而对性好奇是每个孩子都会出现的现象，在这时候，不要让男孩独自去领悟，要承担起教育他们的责任，让他们顺利度过青春期。

消除各种生理性刺激

父母关注男孩的时候，也需要教给男孩如何检查和保障男孩的生理卫生，注意有没有异样。应丰富男孩的生活，使之多样化、趣味化，培养孩子的各种爱好，使孩子把心思和精力都用在他所感兴趣的活动上，如绘图、玩智力游戏等。尽量减少环境中诱发性活动的刺激，父母自己行为应检点。孩子的内衣内裤应宽松些，不要让孩子从事有可能刺激性感区的活动，如爬树、抱枕头等。

做好学校教育的支持者

亮亮的老师告诉他要团结友善、爱护同学，于是他在学校里表现很好，他和同学友善相处，经常把自己的东西分享给同学。他的父母教育他不能让别人抢走自己的东西，要维护自己的利益。所以他一到家就变成另一个样子，他和父母抢看电视，也从不把自己的东西分享给朋友。

亮亮在老师和家长看来，是一个两面派，但是他错在哪里？他的确是听从了老师的教导要团结友善，听从父母的教导要霸道独行。他的做法有错吗？

实际上，教育孩子的过程也是父母和老师需要反省的过程，当家长和老师无法给孩子一个正确的导向时，就不要苛求孩子能够做一个好孩子。每一个孩子都是天真的，他们不懂得大人们的人情世故，他们会很自然地跟从大人的引导选择自己的生活方式。在这个案例中，男孩的“不良表现”是因为家长和学校的教育方式不一致造成的。

为了有效地形容家庭教育和学校教育，有人曾经写过一个公式：5+2=0。也就是说，在一周之中，无论孩子在学校接受怎样的良好教育，如果另两天的家庭教育没有做好，孩子就有可能向坏的方向发展。

一项调查显示，在36000名吸毒人员中，有72.8%的家长没有配合学校管理；在18000名犯罪案件中，83%的家庭没有尽到教育的职责；在8000名劳改犯中，85%的孩子因为家长轻视道德教育而误入歧途。

在学校里，老师教育学生要自强自立，家长却在家庭中为孩子包办一切；很多学生因为犯错受到老师批评，家长就要袒护孩子批评老师；还有些家长认为把孩子交给老师自己就没有责任了，一不问学生在学校的情况，二不知孩子在学校的任课老师是谁，更不会关注和老师的沟通。这样的教育是很难让孩子成长起来的。

监督孩子，要配合学校安排

德宇是老师班上最为头疼的学生，班主任找到孩子的家长，提出让家长配合学校教育孩子。老师和家长都开始关注孩子的优点，努力让他对学习感兴趣，他才终于有所进步。作为父母和老师，永远无法让孩子“一夜成才”，家长和老师只有做好自己，才能让孩子由衷地信任，并逐渐成长。不要把孩子交给学校后就放松对孩子的教育，孩子在家的时候要做好引导作用。有的家长把孩子放到学校管理，自己却在家赋闲打麻将、玩游戏。这样很难让孩子做到自律。

不要过于干涉学校对孩子的教育

小武上小学，平时寄宿，周五回家，周三晚上家长可以探访。在某个天气转凉的周三，小武的妈妈带着被子探访儿子。妈妈想帮助儿子给被子套上被罩，老师不同意，因为老师一直强调要培养男孩的独立性，而且小武在学校已经学会了自己套被子。可是妈妈还是担心小武做不好，她在老师不在的时候，偷偷将小武的被罩套好了。

很多家长认为，孩子不是老师亲生的，老师不会“上心”，不会用心照顾。但是很多情况下，老师在培养男孩能力的时候，能够比父母做得更好。如果老师没有原则上的错误，家长就不要去否定老师的教育。不要过于干涉学校对孩子的教育，这样也有利于男孩形成统一的价值观。很多家长要求孩子在学校劳动的时候不要弄脏衣服、不要做“重活”，有的家长特意跑到学校帮助孩子，这样孩子是很难学会自己劳动的。

了解学校的规章制度，和老师做好沟通，配合学校教育孩子。在老师和孩子发生冲突的时候，要了解到事情的真相，冷静处理，不要包庇孩子；并积极向学校反映学生在家中的表现，让老师进一步了解学生。

不要过于在意男孩的分数，忽视他们的成长

“乖”孩子，他们都多少会有自己的小动作，但是是谁让他们学会偷懒、耍诈、欺骗？是家长，家长过于在意他们在学校的分数，而忽视了他们的成长。的确，在如今，很多家长都认为分数可以决定孩子的前程，但是孩子真正能够了解家长的良苦用心么？

做好学校的配合工作，家长和孩子交谈的时候，不要只关注成绩，还要关注他的学习环境、他的兴趣爱好、他的老师、他的朋友。适时为孩子提供课外学习的机会，不要加重孩子的学习负担。关注孩子的交通安全、饮食安全，关注学校周围的环境卫生。鼓励孩子多参加学校组织的活动、公益活动，不要把孩子禁锢起来。

爸妈都是男孩的保密者

随着男孩长大，他们会有自己的思想、秘密，有时，他们只是出于好奇，想要做出一些父母不让做的事情。如果家长一味地对他们批评教育，就很难和男孩做到交心，也就更难了解男孩的“秘密”。

很多家长喜欢以大人的角度看待问题，喜欢给男孩设立一些他们并不喜欢的规矩，男孩不知如何反抗，于是他们偷偷做出一些违规的事情。这些事情有时候在大人看来很小，但是在小孩看来却很大。他们把这当作秘密，只是因为害怕被惩罚。想要男孩交代秘密，就需要做男孩秘密的守护者。

不泄密，才能知道秘密

妈妈在某次和儿子谈话时，无意中得知乐正初一的时候对某个女生有好感。乐正告诉妈妈，一定不能把这事说出去，他也只是对女孩有好感，并没有耽误学习。妈妈答应了，可是每次家里来客人聊到学生早恋的时候，妈妈都会把这事有意无意地提出来，让乐正觉得很害羞，他再也不想对妈妈说秘密了。

男孩也是敏感的。他们能够很清楚地记得爸爸妈妈所答应过他们的话，当他们觉得父母不可靠的时候，他们就不会把自己的秘密告诉父母。想要让男孩向爸爸妈妈分享秘密，就需要当男孩的“树洞”，让树洞守住秘密。当然，想要得到孩子的秘密，家长也可以把自己的秘密告诉他们，以此赢得信任。

当他们说出秘密的时候，要为他们保守秘密，不要责怪他们。

鹤轩的妈妈对儿子非常温和，他们之间很少有秘密。有一次，鹤轩又忍不住要和妈妈讲秘密了，虽然妈妈很想了解，但是妈妈还是表现出无所谓的样子。妈妈说：“每个男孩都有秘密的，你想要告诉我的时候再告诉我吧。”鹤轩说：“你要为我保密，并且不批评我，我就把秘密告诉你。”妈妈同意了。可是鹤轩还是不放心，他把秘密写到纸条上，让妈妈等他走出房间后再打开纸条。鹤轩走后，妈妈小心翼翼打开了纸条，纸条上写着：“他曾经背着爸爸在隔壁小卖部买过冰棍。”妈妈很想生气，但是她想到之前的承诺，忍住没有发火。鹤轩看到妈妈没有发火，感到很高兴，他还想要向她分享更多的秘密。

孩子都害怕被父母、被自己最亲近的人欺骗，因为他们非常渴望能够得到亲人的理解和支持。对男孩的秘密持有开明的态度，会让他们能够做到坦白、做到诚信。

不过分要求男孩，男孩才不会隐瞒

康康在刚上初中前，学习成绩优秀，妈妈看出孩子是一个好苗子，就给他制订了很多不切实际的目标。一次，由于康康考试的时候感冒了，没心情答题，成绩没考好，康康不敢向妈妈报告成绩。他告诉妈妈他在学校表现不错，老师经常夸奖他，但就是不告诉妈妈他考试没考好。这次的成绩成了他向妈妈隐藏的秘密。

在应试教育的环境下，家长们都不希望男孩输在学校里，输在成绩上。但是，很多家长在对男孩提出要求的时候，并不考虑男孩是否能够完成。这样就很容易让男孩只把优秀的一面展现出来，把父母讨厌的小秘密隐藏起来。男孩有他们的成长轨道，家长有自己的生活圈子，家长不可能事无巨细地观察男孩的一举一动，要求尽善尽美，也不能要求男孩成为绝缘体，不受不良环境的影响。想要得到他们的秘密，还需要不过分要求他们，让他们能够有自己的独立空间，不要让男孩把父母视为“仇人”。

正确拒绝男孩的不合理要求

其实，孩子的思维并没有大人复杂，只要对他们进行正确引导，就可以让他们向好的方向发展。每个男孩都喜欢提出要求，但是他们并不明白哪些要求是合理的，哪些是不合理的。家长需要做的就是告诉他们，并不是所有的要求都能够被满足。

心理学家曾做过一个调查，调查分两个小组——干预组和对照组，每组随机选中 250 名孩子。干预组的孩子得到了 5 年时间的最佳照顾，工作人员为这些孩子提供各项服务，满足他们的各项要求；对照组的孩子得不到任何帮助。40 年后，心理学家追踪调查这些孩子的生活状况，发现干预组的酒鬼数量比对照组的多，对照组的孩子在工作上比干预组表现优秀。

瑞典人从出生开始就可以享受国家的各种福利照顾，但是他们的自杀率也在上升，因为他们无需奋斗，没有生活压力，他们不知道自己生活的意义。

高飞的父母对他的什么要求都予以满足，父母发现这样惯出了他很多缺点。现在没有孩子敢去他家玩，因为高飞会缠着别人和他玩，他负责定规矩，如果有人违反规矩，他就会动手打人。他的父母会要求客人必须满足他的要求，如果客人无法满足他，他父母就会下逐客令。他在学校里经常恶作剧、大哭大闹、抢朋友玩具、食物，他的父母也认为他是对的，所以频繁给他换学校。而他的父母也经常受到他的批评，如果违逆了他，他的父母就需要向他道歉。

如此看来，想要培养男孩的阳刚之气，家长不能无条件地满足男孩的所有要求，那么为什么还有很多家长希望能够尽量满足男孩呢？

● 攀比心理。

据调查，很多中小学校要求统一穿校服，学生和家长们就开始在鞋上攀比，他们想要比较的就是谁的运动鞋更高级。在学生中买高档体育用品的，高中生占有52%，初中生占44%，大学生和小学生占据4%。

飞羽向妈妈要自行车，妈妈不同意，他就说："我们班上的某某妈妈借钱给他买自行车了。"妈妈觉得如果不给孩子买，就丢面子，于是便给他买了。半年之后，这辆自行车坏了，飞羽又向妈妈要自行车，妈妈手头宽裕了，于是再次同意了他的要求。从此之后，飞羽认为，只要向妈妈提出要求，妈妈都会满足他。

在这种情况下，飞羽和他的妈妈都有了攀比之心。但是飞羽并不能体会妈妈挣钱的不容易。飞羽的母亲很容易就满足了飞羽的要求，是他们母子的虚荣心在作怪，家长一定要在男孩提出要求的时候分辨出男孩的真正企图，对男孩做好引导，不要让虚荣心牵着鼻子走。

华华吃完早饭以后主动去看书，然后叠被子、收拾桌面，准备写作业。妈妈看到了就对他说："你知道我看过自己收拾屋子最厉害的小孩是谁么？"华华说："不知道。"妈妈说："是XX，他每次玩完就会把自己的玩具放回盒子里，你知道你为什么不如他么？""因为我比他小？""不是，是因为你是你，他是他。他在收拾屋子方面表现优秀，你在做模型上表现优秀。你们是不一样的。"

是的，每个人都有他的特点，都有他值得骄傲的方面。大人都无法做到最优秀，何况小孩呢？

● 补偿心理。

家家有本难念的经，很少有家庭能够一直享受优越的物质生活。对于那些从贫困中走出的家庭来说，家长希望孩子不要在物质上再受苦；而有些家长则认为自己工作太忙，没有时间陪孩子，可以用物质来补偿他们。实际上，人的欲望是没有止境的，不要一再去满足男孩，要让他明白"天下没有免费的午餐"。

● 家长的心理安慰。

很多家长没有时间教育孩子，他们用大量的时间应对饭局、出差、旅行、享受生活，他们没有时间来陪孩子，没有时间和孩子进行心灵上的交流。所以他们希望通过物质补偿孩子之后，自己心里能够得到宽慰。

天下无不是的父母，天下无不成器的男孩，家长是男孩的第一任老师，也是最初陪伴男孩的人，家长可以做到让男孩成为怎样的人。那作为父母，怎样面对孩子不断提出的要求呢？

学会拒绝孩子的不合理要求

安然的父母为了让男孩养成不以哭闹达到目的的习惯，采用的方法是对他不理睬。一次，他想吃面条，妈妈想给他做白粥。他感觉不满意就躺在地上哭。父母对他不理不睬，安然的姥姥开始着手打扫卫生。姥姥扫地扫到安然躺的地方时，对他说："你到一边躺着去，我要扫地，别挡着我。等我扫完了你再躺回来。"安然只好换了一个地方躺着继续哭。姥姥扫完刚扫的那个地方就对他说："这里扫干净了，你可以回来哭了。"安然又躺了回去。过了半个小时，安然哭够了，自己从地上爬起来，和妈妈要白粥吃。从此以后，他再也没有以哭闹为手段让父母满足自己。

浩博学琴回来，想要父母给他买一个小提琴，妈妈告诉他第二天再给他买，他不同意，开始哭闹。爸爸对他说你在家里好好表现，表现好了得到一颗星，一颗星赚取1毛钱，一天最多可以赚3块钱，最快3个月就可以买到小提琴了。浩博觉得时间太长了，不想等。爸爸妈妈只好以扣押他压岁钱为由给他买了最便宜的小提琴。

爸爸妈妈如果想给浩博买这个小提琴，不需要让男孩等1天或三个月，如果不想给浩博买，也不用和他商量，只需坚决否定。爸爸妈妈的态度不坚决就让浩博钻了空子，让他觉得他提出的要求是当天必须满足的。这样很容易让浩博养成坏习惯。

因此，对于孩子的不合理要求可以像安然的父母一样，对他冷处理，也可以用暂缓满足的方式来拒绝他。但是如果实施暂缓满足的方法，一定不要让男孩觉得等待的时间太长。

让男孩分辨哪些要求合理，哪些不合理

明诚从小到大的玩具都是有限的，因为爸爸妈妈想要他即便是玩玩具也要专心，也希望他能够学会珍惜物品。

明诚想要玩水，爸爸妈妈要求他只能在卫生间玩，玩完后要自己把卫生间收拾干净。明诚想要买很多玩具，爸爸妈妈就告诉他，这些玩具他只能在生日的时候得到。这样一来他每要一个玩具就需要等待一年的时间，他就会学会珍惜，并且能够了解到什么玩具是他真正需要的。

家长要让男孩意识到哪些要求合理哪些要求不合理，就不能总是满足他的要求。男孩提出要求的时候，要教会男孩对自己的要求作出判断，让他来勾选出合理要求和不合理要求，让他来决定哪些是可以通过努力得到的，哪些是不应当拥有的。比如规定他只有在特别的日子才能和父母要玩具，当男孩想要朋友心爱的玩具的时候，要教会他怎样才能和别人作交换等等。

让男孩通过自己努力得到他想要的

淘淘已经有了很多玩具，但是他还是希望能够有一个变形金刚。这时候，他的母亲对他说：“你已经有很多玩具了，你现在并不需

要这个玩具，并不是你想要什么就可以得到。你准备通过怎样的努力得到这个变形金刚呢？”淘淘一时想不到，就问妈妈他要做什么才能够得到这个玩具。妈妈说：“你需要每天刷牙、自觉睡觉、自己穿鞋，并坚持两个月。”淘淘答应了。妈妈在家里制作了一个“任务表”，告诉淘淘做到的时候就画一个勾。在这个“任务表”的监督下，淘淘最终得到了他想要的变形金刚。

作为孩子，自我约束能力并不强，但是如果家长为他们设定了目标和实施办法，并鼓励他们去完成任务，他们也容易做到。当然不能让男孩认为只要他学习好就能够得到所有奖励，偶尔要用精神奖励代替物质奖励，这样孩子更容易自律。

第六章

阳刚男孩必备的那些品质

现代社会是一个竞争日益激烈的社会，没有阳刚之气的男孩得不到社会的认可，其发展也会受到阻碍。正因为这样，《集结号》《士兵突击》《闯关东》《亮剑》等诠释男子气概的影视作品受到了大家的热烈追捧，而其中的主人公谷子地、袁朗、朱开山、李云龙等人更是成为大家心目中的男人偶像。这些人物体现了整个社会对男性气概的要求和向往，他们代表着责任、担当、冒险、独立、自信、勇敢等男人的阳刚之气。

绅士风度，培养有修养的男子汉

拥有绅士风度的男人举止大方、得体、有修养，在社会中更易受人欢迎，人际关系也往往更好，他们也就更容易获得成功。

如果父母想让自己的男孩长大后成为具有绅士风度的优秀男人，那么，当他们还是小男孩的时候就应重视对其个人修养的培养。父母们要明白：修养和绅士风度都是要从小培养的，不是一蹴而就的。

父母有礼貌，孩子有修养

教导你的男孩学会使用“谢谢”“对不起”“请”等礼貌用语是相当重要的，也是孩子成长为一个绅士最重要的一项。而这些要从父母、从家庭做起。因为，孩子的眼睛是“录像机”，孩子的耳朵是“录音机”，孩子的头脑是“计算机”。孩子的模仿性、可塑性都是最强的，而父母是他们主要的模仿对象。

一位母亲曾经这样介绍她的经验：

当我第一次从儿子口中听到“滚开”两个字时，我震惊了，我觉得有必要对自己的行为进行检讨了。之后，我和孩子的爸爸都格外注意自己的言行举止，尽可能地使用“谢谢”“对不起”“请”等敬语，避免使用粗鲁的语言和行为。

果然，没多久，有一次儿子这样对我说：“妈妈，请帮我系一下鞋带，好吗？”而以前他总是这样对我大喊大叫：“妈妈，快点来给我系鞋带！”

如果父母能提高自身修养、彬彬有礼，孩子会潜移默化地受到影响，变得温文尔雅。

生活中，父母们应当如何指导男孩的行为举止呢？

第一，姿势要端正。要求男孩在站立时要身体直立、挺胸收腹，不要耸肩、塌腰，更不要表现得无精打采、萎靡不振；行走的时候要不急不缓，不要表现出慌乱着急的样子；坐着的时候要挺直上身，不要半坐半躺，更不要抖腿、晃脚。

第二，表情要亲切。要求儿子与人交往时，面带微笑，表现出对他人的尊重和理解。

第三，言谈要平和。要求儿子和人说话时，不要粗声粗气，而要心平气和，给人一种如沐春风的感觉。

一身正气，保护弱者

强者的力量是用来保护和帮助弱者，而不是欺压弱者的，让孩子深刻理解这一点很重要。对于刚发育的孩子们来说，男孩在体质上比女孩强壮，男孩之间身体发育程度也有差距，高、矮、胖、瘦表现得很明显，这就有了强弱之分。作为父母，要教导男孩除了不许打架之外，还要保护弱者。

小飞学习成绩很好，不过身体瘦弱，性格内向，在学校里个头高大的同学总是欺负他，不是抢他的玩具，就是让他买零食。

后来，同学小健看不过去，因为父母经常告诉他对于弱者要同情、帮助、救助。他身体健壮，小飞每次被欺负时他都出手相助，还极富正义感地向全班同学发出了警告，如果谁再欺负人就去告诉老师、父母。

最后，小飞不再受同学欺负。小健不仅和小飞成为了好朋友，还赢得了同学们的称赞。

身为父母，一定要培养儿子保护弱者的正义感。这样，才能让男孩在以后的人生中受人尊敬，成为一个真正的绅士。

独当一面的男孩能顶天立地

独当一面，是男孩在未来的生活和工作中必需的能力，是男人阳刚之气的突出体现。那么父母应该怎样培养男孩独当一面的能力呢？

合理培养男孩的好胜心

小德在家里不收拾屋子。后来，妈妈提议，爸爸收拾书房，儿子收拾自己的小房间，让两个男子汉比比谁的速度快。儿子爽快地同意了，赶紧去收拾房间。

男孩特别享受胜利的喜悦感，这种竞争能够鞭策他去追求成功。男孩天性里喜欢有挑战性的事情，喜欢竞技类电影、游戏，喜欢战争片……这正是好胜心的体现。父母要合理利用这种好胜心，让男孩在竞争中“单打独斗、特立独行”，走向男子汉的行列。

父母若看到男孩对自己要求不高、没有上进心、依靠别人，可以通过激发男孩的好胜心来提高他独自解决问题的能力。比如，和男孩一起比赛收拾屋子，比赛跑步，等等。

放手，让男孩去探索；引导，让孩子更独立

男孩阿正从一个黑水沟里挖出了一块彩色的石头，他兴致勃勃地向爸爸展示这个“宝贝”。爸爸却生气地对他说：“你看你，满身都是泥，赶紧洗干净去！”

探索，是男孩了解未知世界的一个手段，也是培养独当一面能力的一个条件。因为独当一面需要有独特的眼光，需要带领他人一起完成任务。没有探索，便难以看清前面的道路，又如何能独当一面呢？

爸爸为了培养锐志独立办事的能力，经常让锐志来帮自己的忙。锐志完成了父亲交办的任务后，非常有成就感。爸爸还郑重其事地在日记本上记下锐志的“突出事迹”，锐志很受鼓舞。天长日久，锐志独立性比同龄孩子强很多，被同学们推举为班干部。

培养男孩的领导才能，就首先要培养男孩的信心。要让男孩在受挫的时候受到鼓舞，在受到表扬的时候获得鼓励。

责任感让男孩可靠可信

古往今来，优秀的男人拥有的共同品质就是责任心。责任心可以让男孩成为家庭的顶梁柱、社会的精英。

男孩缺少责任心，往往是父母的过失，父母没有积极培养男孩的责任意识。培养男孩的责任意识可以从以下几方面做起：

责任心从小处来

5岁的时候弘毅突然对倒垃圾产生了兴趣，父母夸奖他为家里的卫生事业做出了巨大贡献。这让弘毅非常自豪。慢慢地，弘毅就把倒垃圾当作一种责任，一直坚持了下来。

培养男孩的责任心，需要从小事做起。

很多男孩天生就有很强的责任心，喜欢帮助弱小者、给老人让座、维护公共秩序。但是，有的父母却总是希望男孩“少管闲事”，这样很容易让男孩失去男人非常宝贵的品质——责任心。

不要认为你的男孩还小，就不让他来承担责任。父母需要告诉男孩做事要负责到底，有始有终，不轻易放弃。

5 岁的小博在忘记给宠物狗喂食的时候，妈妈是这么强化他的责任心的："你是不是觉得狗狗没有东西吃很痛苦？你是不是发现自己忘了给它喂食后很担心很难过？你没有按时给它喂食，你虽然不会饿，但是你还是会觉得难过，因为你在愧疚自己没有尽到责任。以后你一定不要让狗狗再挨饿了。"

让男孩"签协议"

浩波 4 岁，他的爸爸上夜班，工作很辛苦。爸爸早上下班回家后需要休息，但周末不上幼儿园的浩波总希望爸爸能陪他玩。

妈妈便对浩波说："你和妈妈签订一个'爱爸爸协议'吧。"

浩波很好奇。

妈妈接着说："这个协议是，妈妈把闹钟定在中午 12 点。在闹铃响之前，你不能打扰爸爸；在闹铃响了之后，你给爸爸端一杯水。好吗？"

浩波答应了。他认为这个"爱爸爸协议"很重要，并出色地完成了任务。

对于任何人来说，履行承诺都是一项庄重、负责任的事情。即使浩波只有 4 岁，他也能够按照承诺完成任务。

让男孩承担后果

健健到学校彩排节目。但是，他到了学校才发现自己忘记带彩排所需的音乐U盘了。他立刻打电话给妈妈，希望妈妈可以把U盘送到学校。

之前，健健一直健忘，也都是妈妈去送东西。但这次妈妈太忙了，无法去，就坚决拒绝了。健健只好自己回到家取走了U盘。他的疏忽给同学们带来了麻烦，他感到非常愧疚。

从此之后，健健每次出门都会检查自己所带的东西是否齐全，竟然不再健忘了。

小孩都会犯错，但是他们犯错后往往很难认识到错误，一个重要原因是他们没有切身承担犯错的后果。无后果，哪有错?

例如，如果摔坏了别人的玩具，一定要道歉，并且要赔偿（让对方从自己最心爱的玩具中选一个做补偿），这样一两次后，男孩就不会再轻易摔别人的玩具了。

瀚瀚和同学在教学楼走廊上追逐打闹，把安全指示灯的外壳弄坏了，虽然没有伤到人，但是打破玻璃很危险。老师请来了瀚瀚的妈妈，当着妈妈的面批评了他。妈妈表示愿意照价赔偿学校的损失。在回家的路上，妈妈并没有严厉地批评瀚瀚，只是告诉他做错事一定要敢于承担责任。回家之后，瀚瀚认真地写下了检讨书……

很多父母说一套做一套，要求男孩承担责任，自己却逃避责任。培养男孩的责任心，父母首先要做负责的人。

勇敢的男孩自能顶起一片天

阳刚男孩的一个突出品质是勇敢。

勇敢是什么？是敢于面对困难挫折，去做自己本来害怕去做的事情。对男孩来说，勇敢是可以自己走夜路，不害怕虫子，敢于在课堂上回答问题，等等。

勇敢不是冒失，不是不顾后果的蛮干。

现实中，很多父母对男孩无微不至的照顾，让男孩胆量特别小；而父母若只是一味让男孩去冒险，男孩受到惊吓后也会望而却步。

因此，父母需要在过分保护和过分放手之间找到平衡，恰当地培养男孩的胆量、勇气。

为男孩树立刚性榜样

雨过天晴，爸爸妈妈带着儿子俊俊到公园里玩。

走到了一个小山坡的时候，俊俊显得很胆小，怕滑倒，慢慢走着，一步一停，还时不时看着在前面走的爸爸。爸爸想锻炼儿子自己走，并不看他，在前面稳步前行。俊俊身后的妈妈有些担心，喊着："爸爸慢点走，等等俊俊。"

俊俊看到爸爸并没有停下来拉着自己走的意思，便跟在后面，艰难地往上走，最终到达了山顶。

培养男孩的勇敢、自立，需要让男孩多和父亲接触，和有阳刚之气的男性接触，比如叔叔、舅舅等。父母在男孩面前要保持冷静，不要手足无措，这就是表率的作用。为男孩树立勇敢的榜样，是培养男孩阳刚之气的最好办法之一。

让男孩权衡利弊，直面恐惧

章章摔倒后，膝盖上的皮破了，流出了血。妈妈看到后并没有过分紧张，她笑着对章章说："流血了没太大关系，我们回家用酒精擦擦它就好了。"

回到家后，妈妈要用酒精为章章消毒，章章很害怕疼，不愿意。妈妈告诉章章，酒精是消毒用的，抹在伤口上确实有点疼，但是它可以不让伤口感染，很快恢复健康；如果不擦酒精，伤口会感染，膝盖这一块的皮肤甚至肉都会发炎、烂掉……

章章听后，想了一下说："那你消毒吧，我可以忍住疼的。"

在培养男孩的勇气的时候，要告诉男孩：生活中有许多事情是必须面对的，与其逃避，不如面对它、接受它、战胜它；否则，只能使事情更糟，承受更大的苦痛。做一个男子汉，就要敢于面对生活的酸甜苦辣。

有心理准备，男孩更勇于面对接下来的事

男孩的蛀牙比较严重，爸爸准备带他去医院修补一下。爸爸事先告诉他，他的牙有问题了，需要修补；如果不及时处理，就会危害到其他的牙齿。并且，修牙会疼，会出血。男孩想了想，说他愿意去修牙。后来，爸爸带他去修牙的整个过程中，男孩表现得很勇敢，虽然有些担心，但挺配合医生的治疗。

让男孩做好心理准备，他知道了将会承担怎样的困难，并且这个困难在他能承受的范围内，他就容易在真正面对困难时勇敢地去面对。

很多父母事前瞒着不说，只是在事到临头时才告诉男孩，如果去做就是男子汉，不去做小朋友们就会笑话他。或者骗孩子，说做某件事一点都不可怕，这样会让男孩不能很好地辨别父母说的是否属实，更会让他心生恐惧。

不要认为是小孩就敷衍他，要对男孩实话实说，告诉他需要面临的是什么，让男孩做好心理准备。不要低估男孩的承受力，要相信他能够做好。

男孩要有竞争意识

敢于竞争是阳刚男孩所需要的品质，男孩需要通过竞争来走向更光明的路。父母要让男孩明白为什么要竞争、如何竞争能取得胜利。

当今社会，竞争激烈，评价一个人的标准往往是看这个人是否成功，甚至只局限在金钱、权力方面。这种片面的价值观自然会影响到广大的父母。一个突出体现是，很多父母只是片面地要求男孩成为父母希望成为的人，而男孩的喜好和追求则被遏制了。成功对男孩来说意味着什么？意味着他们可以不断地挖掘自己的潜能，意味着他们发现了他们喜欢、适合他们的一项事业，并从中得到满足。每个男孩都有自己的潜能，只要不违背社会道德，就值得鼓励。

首先，要让男孩积极参加竞争。

选奥数班，还是奥物班？小高想从两个培训班中选择一个。小高查看了历年奥赛获奖情况，发现物理比数学得奖的多。于是，他想选择物理，并征求爸爸的意见。爸爸对他说，数学之所以得奖少，是因为竞争多、有挑战；选择物理，得奖机会多，但是可能挑战少。小高权衡了一下，也反省自己不能太功利，应该选择竞争更激烈的奥数班。

要想让男孩变得更加优秀，就要多鼓励他参加有竞争性的活动，让他在竞争中进取、进步。竞争，可以激发男孩的求知欲，可以让男孩自觉努力。培养男孩的竞争意识，对男孩的成长和未来有深远的意义。

在竞争中取得胜利，是对男孩的鼓舞。当男孩在竞争中失利的时候，父母要正确引导他们分析原因，帮助他们总结经验，让他们确定适合他们的竞争目标。

其次，让男孩去公平地参与竞争，而不是投机取巧。

请看这个案例：老师打来电话给男孩的爸爸，说男孩在考试中作弊。爸爸非要老师告诉他自己的孩子是主动作弊还是被动作弊，庇护男孩的意图很明显。这说明这位爸爸的认识有偏差。无论主动，还是被动，都是错误的，都破坏了公平竞争这一原则。

这位爸爸的思想会助长孩子以不公平的手段参与竞争。学校考试既考验学生知识的掌握能力，也考验孩子的品德修养。如果父母只关注孩子的成绩，而不关注孩子的品德，即使现在孩子得了好成绩，将来也可能走入歧途。父母应该让孩子意识到要公平竞争，不要投机取巧。

让男孩知道，竞争中的失败是很正常的事情，不要看得太重，只要能够从结果中检验出自己的水平就可以。胜不骄、败不馁，才是最好的竞争心态，保持好的心态可以适应各种场合的竞争。

诚信，男孩应该“言必信，行必果”

诚信是男孩人生的通行证。因为诚信，男孩才能让人信服、值得信任；因为诚信，他才能够保持善良之心，不坑蒙拐骗，不会误入歧途。

父母应为儿子树立诚信的榜样。在我们生活中的大小事上、行为举止上，让男孩去感受诚信、学习诚信，这是一种身教。

父母不要轻易向男孩许诺什么；许诺前要三思，不要为了应付孩子而哄骗孩子；诺言实在无法实现的时候，要及时向男孩解释。

以诚信故事教育男孩

讲故事是最好的教育方法。以故事中人物讲诚信的情节来打动、激励男孩。当然，故事不局限于真人真事，父母也可以给男孩讲一些有关诚信的寓言故事，让男孩从中领悟出诚信的重要性。

下面是一位妈妈通过讲故事来培养男孩诚信品质的故事：

一天，我给儿子讲了这样一则寓言：

“诚信”被一个名为“聪明”的年轻人投弃到水里以后，拼命地游到了一个小岛上。然后，“诚信”就躺在沙滩上休息，等待哪位路过的朋友能救他。

突然，“诚信”听到远处传来一阵阵欢乐轻松的音乐。他站起来，向着音乐传来的方向望去，看见的是“快乐”的小船。“诚信”忙喊道：“快乐快乐，我是诚信，你用船载我回岸上，可以吗？”

“快乐”一听，笑着说：“不行，我如果有了诚信就不快乐了，你看这社会上有多少人因为说实话而不快乐，对不起，我无能为力。”说罢，“快乐”走了。

正当诚信感到近乎绝望的时候，一个慈祥的声音从远处传来：“孩子，上船吧！”诚信问道：“您是？”一个白发苍苍的老者在船上掌着舵道：“我是时间老人。”“那您为什么要救我呢？”老人微笑着说：“只有时间才知道诚信有多么重要！”

在回去的路上，他们看到“快乐”的小船被漩涡弄翻了。时间老人指着因翻船而落水的“快乐”，意味深长地说道：“没有诚信，快乐是不会长久的。”

讲完这则寓言，我问儿子：“快乐、时间谁做的对呢？”

儿子回答说：“当然是时间老爷爷做的对，他帮助了‘诚信’，也因为‘诚信’才没有像‘快乐’那样因翻船而落水。”

我说：“儿子说的对。生活中也是这样，没有诚信，快乐就不会长久。我希望我的儿子在生活中能做到诚实守信。”

儿子听了，认真地点点头。

要求男孩在生活中信守承诺

无论什么品质，都是一点一滴养成的。培养男孩诚信的品德也是如此，父母应该从生活的细节上要求男孩做到诚实守信。

爸爸带儿子去参加一个聚会。聚会快散时，儿子说想去朋友家玩，一会儿就能回来，爸爸同意了儿子的请求。于是儿子去朋友家玩了。

一个小时后，爸爸打电话给儿子："儿子，我在饭店门口等你，你过来吧，我们一起回家。对了，你大概多长时间能过来呢？"儿子想了想："10 分钟吧！"

40 分钟后，儿子才赶到饭店门口。儿子过来后，爸爸很生气地说："你怎么才过来，你不是说 10 分钟就能过来吗？我在这里已经等了你 40 分钟了。"儿子解释说："朋友家离这里有些远。"

爸爸说："我生气不是因为等你的时间太长，而是因为你不守信。你说 10 分钟能过来，就应该在 10 分钟左右过来。既然事实是需要 40 分钟的时间，你就应该告诉我 40 分钟以后到，不需要骗我说 10 分钟就可以到。"

儿子点点头。以后，儿子再也没有对爸爸失信过。

在这个案例里，父亲做得很好，教育男孩在承诺别人之前要慎重考虑自己有没有能力和把握做到，对不能做到的事就不要轻易答应别人，而一旦答应了别人的事，就要兑现。

当男孩没有做到诚实守信时，父母应立即指出男孩的错误，并且对其进行耐心的教导。只有这样，才能让你的男孩真正具备诚信的品质。

对男孩诚信的表现，要及时地肯定和鼓励。当男孩出现一些欺诈和虚伪的苗头时，要抓紧批评教育。抓而不紧等于不抓，趁热打铁才能成功。

自控，才能把握自己的人生

自控能力是指善于控制自己的情绪，支配自己行动的能力。通常情况下，成年男人的自制力都比较强，但男孩的自控力却比较弱，因此我们常常会看到一些男孩因为一些不合自己意愿的小事儿，就乱发脾气，或初到新的环境就会感到害怕等等。

生活中，很多父母都没有对自控教育引起足够的重视，他们大都认为，男孩随着年龄的增长，其自控能力也会随之提高，但事实上，却并非如此，如果父母未能在男孩小的时候对其自控能力加以培养，那么，男孩长大后就很难良好地控制自己的情绪与行为，很难有大作为。一个自幼缺少自律的人，则很容易受到各种主观原因的干扰，很难在某一方面作出杰出的成绩，很难实现自己的目标。放纵与任性的男孩是很难有什么作为的。

所以，父母要教育男孩学会自律，控制自己的脾气及行为，告诉他什么能做，什么不能做。一个从小就受到良好自控教育的男孩，会拥有良好的自我约束和控制的能力，有所为，有所不为，能够根据自己的道德价值观和思维，为自己立法，并按自己的意志去行动，即不受外界困境和邪恶因素影响，为实现自己的理想而行动。

为男孩立规矩、讲利弊

父母应多告诉男孩一些日常生活中的规则，比如游戏规则、交通规则、消费规则。规矩，能明确告诉男孩哪些能做哪些不能做。

先从日常生活中教育男孩，比方说不能随地吐痰，不要私拆他人信件，不能闯红灯等。

男孩大些了，要告诉他道德准则、法律法规，要求他遵纪守法，让男孩懂得控制自己的行为和情绪。

但是，只定规矩还不够。

生活中，父母习惯了直接告诉男孩，这件事儿你能做，那件事儿你不能做，却忘了要告诉男孩能做与不能做的原因，这样，男孩永远也无法自行去分辨该做与不该做的事情。因此，父母们应引导男孩自己去辨别该做和不该做的事情，要让男孩知道，有些行为对自己有利，对别人有害；有些行为对自己可能有害，但对别人却有好处；在一定的场合有些话能讲，但换了地方有些话就不能讲。然后，再不断地进行“知其所以然”的启迪，让男孩知道为何要这样做而不那样做的道理。久而久之，男孩就不会任由自己的性子去行事，在行动之前有所考虑，有所节制。

教男孩加强自律自制，抵制诱惑

生活中很多男孩都明白自律的道理，但有时还不能很好地约束自己，缺少应对实际情况的技巧。比如，男孩总是控制不好自己的情绪，易冲动。如果他能试着在这时候深呼吸或者是默默数数，也许冲动就会克制住了。

作为父母，要善于引导男孩正确抵制不良诱惑。

妈妈送军军上学的路上要经过一个装修得非常豪华的玩具店，每次经过的时候，军军都伸着脖子往里面看，里面有很多他喜欢的玩具，也有很多正在挑选玩具的小男孩。但是妈妈都装作没看见。到晚上的时候，妈妈把自家的实际情况告诉军军，让军军知道，他们目前无力承受那些玩具高昂的价格。

时间长了，在妈妈的教导下，军军再走过那家玩具店的时候，再也不向里面张望了。军军生日到了，妈妈带军军进那家玩具店挑选生日礼物，但军军只选了一件很便宜的玩具，并对妈妈说："我就要这个吧。其实，这里的玩具和百货市场上卖的也差不多！"

生活中，父母不妨也效仿一下这位妈妈的做法，坚持对男孩进行抵抗诱惑的训练，久而久之，男孩的道德水准、意志品质和自控能力都会有明显增强。

教会男孩自我反省

一个自控的人，往往是一个能够自我反省的人。

男孩犯错了，父母会怎么做？是殴打，还是责骂？是对他们摆脸色，还是对他们讲道理？很多父母不给男孩机会去思考自己为什么错，要怎样去改错，导致很多男孩知错犯错。

小男孩把邻居家小女孩打哭了，小女孩的父母找到了小男孩的父母。小男孩的父母真诚地道歉，并保证好好“教育”男孩。

邻居走后，小男孩的爸爸既没有批评他，也没有惩罚他，而是不说话，静静地做起了自己的事情。小男孩忐忑不安，等着爸爸来惩罚自己，但是爸爸总是不表态。

最后，小男孩终于忍不住了，对父亲说，小女孩给他起外号，他推了小女孩一下，女孩摔倒了，所以才会哭。他还承诺，下次要明确告诉小女孩，不能给他起外号，但绝不会推小女孩。

男孩在犯错之后，父母责怪他们，这只是一方面，因为已经无济于事；更重要的是，要让他们能够有时间冷静地反思，让他们自己去思考他们应当怎样去处理后果，怎么避免再次犯错。

坚强，男孩绝不轻言失败

男孩由于受男性荷尔蒙的影响，往往比女孩显得更坚强，抗挫能力也明显高于女孩。但是近年来，因为父母的过分娇惯，很多男孩不仅没有成为“小小男子汉”，反倒成为了“鼻涕虫”，动不动就哭鼻子，一点挫折也无法承受。

事实证明，那些遇到困难不低头、不服输的男孩，长大后大都会有所成就，做出属于自己的一番事业来，取得他们人生和事业上的成功，并肩负起男人应该承担的责任。

日常生活最能培养男孩的意志力

艰苦的环境能够磨练男孩的意志，让男孩迅速成长。的确，和城市里娇生惯养的男孩相比，农村的男孩们表现得更加坚强，更具抗挫能力，而造成这样差别的根本原因就是日常环境的不同。

很多父母会抱怨说："现在家家户户条件都好了，孩子们都不愁吃不愁穿的，哪还有什么艰苦的环境磨练孩子的意志啊？"父母们一想到吃苦就会想到是衣不保暖、三餐难继。

其实，随处都可以磨练男孩的意志，例如：让他们自己的事情自己坚持完成，上学、出去旅游的时候自己拎包，等等。另外还可以让他们每天早上坚持锻炼、暑假到乡下农村住几天，这些都能培养他们的意志力，让他们变得更坚强。

积极暗示："你是一个坚强的小男子汉。"

幼儿园有两个男孩先后摔倒了。

第一个男孩摔倒后，一位老师赶忙跑过来急切地说："很疼吧，快过来，老师帮你看看。"小男孩听到老师的话，"哇"地哭了起来。

第二个男孩看到前面摔倒的男孩哭了起来，自己也咧开了嘴开始哭。这个时候，另一个老师走了过来，蹲在这个小男孩的身边，说："老师知道你是一个坚强勇敢的男孩，来，站起来，老师带你去那边玩，好不好？"这个小男孩听老师一说，从地上爬起来了，若无其事地和老师去另一边玩去了。

上例中，不同老师对孩子的不同暗示起到了不同结果。父母在教育男孩的时候，应该多给积极的暗示；反之，如果总是给孩子消极暗示，会让他们变得更加脆弱、消极，也更加害怕困难和挫折。

教导儿子凡事“再坚持一下”

8 岁的男孩学习钢琴没多久，就打起了退堂鼓。此时，妈妈并没有责备他，而是给他讲了这样一个故事：

在一次拳击比赛中，有一位拳击手被对手打得头破血流，但他依然没有放弃，每一次被打倒，都坚持爬起来，甚至场下的观众都让他别打了，他还是一次又一次顽强站立起来，直到耗尽所有的力气昏迷过去，这场比赛才算结束。

后来，他的对手走到后台问醒过来的他：“比赛时，你已经没有力气，而且胜负已定，你为什么还要站起来呢？”

这位拳击手说：“你说的没错，胜负已定，或许倒下才是一种解脱。但是，假如我当时真地倒下，那以后我便再也站不起来了。于是，每一次倒下，我都在心中对自己说：坚持，你一定行，只要再坚持一下就可以了！因为只有我爬起来，才有胜利的希望。”

男孩听完妈妈的话，羞愧地说：“妈妈，我也要坚持。我是真的很喜欢弹钢琴，现在这点困难是难不倒我的！”妈妈看着儿子脸上又扬起自信的笑容，欣慰地说：“你真是一个坚强的孩子，记住凡事‘再坚持一下’，你就会越来越强大，世界上就没有什么事情是你做不到的。”

父母希望儿子拥有坚强的性格，就要不遗余力地锻炼他，让他拥有耐性和韧性，学会一砖一瓦地坚持累积下去，这样他才会更加坚强，也才会更有成就感。